Harald · Gies Maximilian · Gies Werner · Gies Wolfgang · Giese Frank Michael · Giese Vanessa · Giesen Steffen · Gieser Angelika · Giessen Karsten · Giessing Hans-Dieter · Giessler Artur · Giessler Inge · Gietz Preben · Gietzelt Marcus · Gilb Andreas · Gilberg Andre · Gilbrecht Matthias · Gilbrecht Paul · Gilcher Christel · Dr. Gilcher Gerhard · Gilles Georg · Gillner Hans-Dieter · Gimbel Torsten · Gimnich Hermann · Gimnich Irene · Gindorf Marliese · Gins Reinhard · Ginter Hans · Giorlando Anthony · Gippert Jürgen · Giszas Holger · Gittelmann Christian · Gitzen Michael · Glaab Thomas · Glahn Winfried · Glas Jürgen · Glaser Adolf · Glaser Bernd · Glaser Christina · Glaser Harald · Glaser Marcus · Glaser Siegfried · Glaser Silvia · Gläsner Hermann Peter · Glass Klaus · Glass Werner · Glässer Werner · Glässner Felix · Glatigny Nadine · Glatz Irene · Glatz Willi · Glaub Alfred · Glaubit Markus Richard · Glawe Bernd · Dr. Gleber Friedrich · Gleich Joachim · Glöckner Annemarie · Glöckner Ferdinand · Glöckner Gunter-Karl · Glöckner Jürgen · Glöckner Jürgen · Glöckner Karl · Glöckner Lothar · Glöckner Matthias Peter · Glöckner Max · Glöckner Peter · Glöckner Rainer · Glöser Harry · Glöser [...] · Göbel Gerhard · Göbel Heinz · Göbel Michael · Göbel Simon · Göbel Werner · Göbelsmann Alfred · Göddel Tim · Gödel Marcel · Gödelmann Kurt · Gödert Hans Josef · Gödtel Lothar · Gödtel Wolfgang · Goebel Achim · Dr. Goebel Dietmar · Go[...] [...]oergen Uschi · Goertz Herbert · Goertz Monika · Goerz Bernd · Goetz Rudi · Gögel Inka · Gögel Manfred · Goger Katja · Goger Peter · Goger Werner · Gogolin Thomas · Gogollok Rainer · Göhde Florian · Göhlen Manuela · Gök Bekir · Goldb[...] [...] · Golly Caroline · Dr. Gölter Georg · Gomber Monika · Gomber Peter · Gomes-Campos Ricardo · Goncalves Bernardino · Goncalves Sarah · Gönnheimer Matthias · Gonther Timo · Görbing Andreas · Gorczyca Dieter · Dr. Görg Herbert · Görgen [...] [...]rreßen Timo · Gortner Kerstin · Gospodarek Uwe · Goß Stefan · Gossner Cornelia · Goßner Thomas · Göth Norbert · Götschel Lucas · Göttel Bastian · Göttel Dieter · Göttel Lothar · Göttel Mathias · Göttel Siegbert · Göttel Stefan · Göttein Alfo[...] [...] Heiko · Götting Ingrid · Göttmann Dieter · Götz Achim · Götz Dieter · Götz Klaus Dieter · Götz Ralf · Götz Tilo · Götze Christina · Götze Jürgen · Götzinger Melanie · Gräber Gerhard · Gräber Martin · Gräber-Wendel Bettina · Grabowski Juliane · [...] Daniel · Graf Dominik · Graf Heiner · Graf Holger · Graf Jochen · Graf Karina · Graf Karl-Heinz · Graf Lothar-Peter · Graf Oliver · Graf Sabina · Graf Sabrina · Graf Stefan · Graf zu Lynar Maximilian · Graffe Christopher · Grämer Terry · Gramlich Dani[...] [...]dreas · Gräser Werner · Graskowski Wolfgang · Grässer Kurt · Grässer Walter · Grau Robert · Graupner Nina · Gräupner Thomas · Graus Michael · Grausam Hermann · Gravius Doris · Green Markus · Gregor Klaus · Gregorowitsch Claudia · [...] [...]ürgen · Greiffenhagen Peter · Greiner Nils Jonas · Greiner Thorsten · Greninger Anthony · Grentzer Jürgen · Grenz Alo · Grenz Markus · Gress Stephan · Gresser Willi · Grether Gerhard · Greulich Dieter-Willi · Greulich Roland · Grevener Frauke [...] [...]anfred · Grieger-Wild Regina · Gries Gerhard · Gries Karin · Gries Stephan · Grimm Berthold · Grimm Christian · Grimm Christian · Grimm Diether · Grimm Jens · Grimm Jürgen · Grimm Marco · Grimm Ralf-Gerhard · Grimm Stefanie · Grimm T[...] [...]ob Kurt · Grobe Wolfgang · Gröbel Günter · Gröbel Thomas · Gröber Anette · Groeger Stephan · Gröger Susan · Groh Frank · Groh Gerd · Groh Gerhard · Groh Henry · Gröpl Stefan · Gros Jörg · Gros Thomas · Gröschel Sascha · Gross Aaron · G[...] [...]rhard · Gross Hans · Groß Iris · Gross Klaus · Gross Lothar · Gross Ludwig · Gross Mike · Gross Mirko · Gross Norbert · Gross Patrick · Gross Ria · Gross Robert · Gross Stefan · Gross Timo · Gross Tobias · Gross Ute · Grosse Berthold · Großha[...] [...] · Grub Stefanie · Grube Gerhard · Grübel Norbert · Grubert Jörg · Grubusch Herbert · Grubusch Horst · Grubusch Lilo · Gruhn Gerhard · Grumbach Sven · Grümmer Manuel · Grün Frank · Grün Johanna · Grün Julia · Grün Matthias · Grünagel Kurt · Grünagel Volker · Grundmann Michael · Grundmann Michael · Grundmann Ulrich · Grünebaum Reiner · Grünenthal Jürgen · Grünenwald Mario · Grüner Matthias · Grüner Wolfgang · Grunert Erwin · Grüneß Julien · Grunewald Horst · Grünewald Erhard · Grünewald Frank · Grünewald Jürgen · Grünewalt Fritz · Grünewalt Fritz · Grünfelder Dirk · Grünfelder Jürgen · Grünholz Ralf · Grunwald Jan · Grüny Stefanie · Grusdat Heiko · Gruse Egon · Gruse Patrick · Grusser Marliese · Grüsser Udo · Grützmacher Günter · Grützmacher Sylvio · Gry Michaela · Gry Patrick · Gry Peter · Gschwind Dominik · Gschwind Heinz · Gschwind Markus · Gschwind Thomas · Guckenbiehl Oliver · Gudd Michael · Guddat Christina · Guddat Dieter · Guerrero Manuel · Gulden Donald · Gundacker Andreas · Gundacker Lara · Gündogdu Muhammet · Gunia Karl · Gunselmann Eric · Günther Caroline · Dr. Günther Herbert · Günther Holger · Günther Ingeborg · Günther Julian · Günther Karl · Günther Peter · Günther Sabrina · Günther Sebastian · Günther Tina · Günther Wolfgang · Günthert Thorsten · Günthert Tobias · Gurskis Henry · Guschewski Cindy · Guschl Rudolf · Gutekunst Hagen · Gütermann Marc · Gütermann Reiner · Gutfrucht Uwe · Guth Axel · Guth Cornelius · Guth Herbert · Guth Lothar · Gutheil Manfred · Güthert Christiane · Güthert Stefan · Guthmann Helmut · Gutke Dieter · Gutmann Hanspeter · Gutmann Klaus · Gütschow Monika · Gutting Bernd · Gutting Reinhold · Haab Henning · Haab Michael · Haack Jan · Haag Benjamin · Haag Bernd · Haag Bettina · Haag Gunnar · Haag Heiner · Haag Josef · Haag Matthias · Haag Norman · Haag Stefan · Haag Willi · Haake Joachim · Haake Susanne · Haardt Dennis Maximilian · Haardt Klaus · Haas Adelheid · Haas Alfred · Dr. Haas Leonhard · Haas Marcus · Haas Michael · Haas Patrick · Haas Rainer · Haas Rüdiger · Haas Stefan · Haas Stefan · Haas Thomas · Haas Wolfgang · Dr. Haas Wolfram · Haase Margot · Haaß Reiner · Haberer Thomas · Habermann Dirk · Habermann Harald · Habermann Kester · Habermehl Christa · Haberstroh Dieter · Habig Jürgen · Hähler Alexandra · Habura Joanna · Habura Justyna · Hach Helmut · Hach Klaus-Dieter · Hach Robert · Hack Arnold · Hack Erika · Hack Hans-Christian · Hackbarth Alexandra · Hackbarth Peter · Hackbarth Sigrid · Hackbarth Wolfgang · Hackel Michael · Hackenberg Nadine · Häcker Martin · Haessner Florian · Haffke Roland · Haffner Carmen · Haffner Peter · Häfner Dirk · Hagedorn Sonja · Hägele Jürgen · Hagemann Rolf · Hagen Udo · Hagen Volker · Hager Eugen · Hager Horst · Hager Walter · Hagner Susanne · Hahn Anna · Hahn Artur · Hahn Christ · Hahn Doris · Hahn Erwin · Hahn Franz · Hahn Gerd · Hahn Gunther · Hahn Hanns-Georg · Hahn Karlfried · Hahn Karl-Heinz · Hahn Karl-Otto · Hahn Leon · Hahn Marcel · Hahn Mechthild · Hahn Nicole · Hahn Paul · Hahn Ralf · Hahne Christian · Hahnel Jochen · Hahnel Mathias · Hain Niklas · Halberstadt Margot · Halde Michael · Halfar Daniel · Halfmann Gerhard · Halfmann Harald · Halfmann Paul · Hall Timothy · Hallebach Karl · Hallen Karl-Georg · Hallstein Andres · Hallstein Michael · Hamann Christian · Hamann Rainer · Hamberger Horst · Hambsch Elisabeth · Hambsch Elke · Hamer Dirk · Hamm Karlheinz · Hamm Kevin · Hamm Thomas · Hammann Bettina · Hammann Roman · Hammel Anna-Maria · Hammel Bernd · Hammel Günther · Hammel Hans · Hammel Karl · Hammel Thomas · Hammel Uwe · Hammelsheck Jan · Hammer Alexandra · Hammer Christina · Hammer Clemens · Hammer Florian · Hammer Fritz · Hammer Günther · Hammer Karl · Hammer Marc-Oliver · Hammer Martin · Hammer Stephan · Hammes Hugo · Hand Jochen · Handermann Kurt · Handwerker Thomas · Haneke Jörgen · Hanenberger Walter · Hanewald Axel · Hanewald Jürgen · Hanewald Manfred · Hangen Andreas · Hanjohr Birgit · Hanjohr Kevin · Hank Barbara · Hank Christian · Hankel Cathie · Hankel Michael · Hankel Michael · Hannig Susanne · Hanowski Jens · Hans Daniel · Hans Michael · Hansen Heinrich · Hansen Joachim · Hanser Peter · Hanss Alfred · Hanss Friedel · Hänßel Rolf · Hanz Kristina · Happel Achim · Happel Andreas · Happel Karl · Happel Klaus Eberhard · Happel Knut · Happersberger Carl Heinz · Happersberger Gerhard · Harbauer Anna · Harder Volker · Harders Thorsten · Hardin Roy Alan · Hardt Stefan · Härdter Karl-Heinz · Harenberg Jörg · Hargesheimer Jürgen · Harlacher Daniel · Harlos Peter · Harris Anthony Allen · Harsch Regina · Hartai Robert · Hartard Reinhold · Harth Sigrid · Harth Thomas · Hartkorn Helmut · Hartkorn Peter · Hartkorn Rosemarie · Hartmann Benjamin · Hartmann Christopher · Hartmann Dieter · Hartmann Florian · Dr. Hartmann Jürgen · Hartmann Martin · Hartmann Michael · Hartmann Norbert · Dr. Hartmann Rüdiger · Hartmann Rudolf · Hartmann Verena · Hartmuth Peter · Hartrampf Christian · Hartung Dirk · Hartung Roland · Hartung Torsten · Hartwich Uwe · Hartwig Jens Kai · Hartwig Sebastian · Haselbach Ann-Katrin · Häselbarth Jaques · Häselbarth Melitta · Hasemann Daniel · Hasenfratz Heike · Hasenfürter Heribert · Hassel Oliver · Häßel Ralf · Hassemer-Blaß Markus · Hassert Alexander · Hassfurther Klaus · Hassfurther Kuno · Dr. Hastra Kurt · Hätscher Klaus · Hatt Andreas · Hatterer Thierry · Hatzenbühler Gunther · Hatzenbühler Klaus · Hatzenbühler Manfred · Hatzenbühler Matthias · Hatzenbühler Timo · Hauber Helmut · Haubert Volker · Haubrich Martine · Hauck Albrecht · Hauck Bernhard · Hauck Christian · Hauck Eva · Hauck Gerhard · Hauck Gerhard · Hauck Gerhard Kurt · Hauck Hans-Jürgen · Hauck Joachim · Hauck Jürgen · Hauck Karin · Hauck Peter · Hauck Rainer · Hauck Regina · Hauck Rigobert · Hauck Ronnie · Hauck Volker · Dr Hauck Werner · Hauck Wolfgang · Haufe Alexander · Haufe Dirk · Hauk Ute · Hauke Manuel · Haupt Marc · Hauptmann Silke · Hauptmann Thomas · Hausburg Frank · Hauschild Florian · Hausdörfer Tina · Häuser Andre · Häuser Dieter · Häusler Markus · Häusler Patrick · Häusler Werner · Hausmann Otto · Haußmann Hans-Peter · Haussmann Sebastian · Haussmann Timo · Hauswirth Thomas · Hauter Martin · Hauth Norbert · Häutle Günter · Hayer Bernhard · Hayer Michael · Hayna Rüdiger · Hazley Alexandra · Hebach Martin · Heber Hans-Peter · Heberer Alexander · Heberger Michael · Heberger Thomas · Heberle Renate · Heberling Norbert · Hechler Günter · Hecht Karlheinz · Hecht Minoo · Hecht Wolfgang · Heck Jean-Marie · Heck Stefan · Heck Sven · Heckelmann Hans-Jürgen · Heckmann Andreas · Heckmann Rainer · Heckmann Tobias · Hecktor Marc · Heckwolf Joseph · Heeb Marco · Heer Wardell · Hefft Manfred · Hefft Waltraud · Heger Claudia · Heger Gerlinde · Heger Horst · Heger Jürgen · Heid Gunther · Heidenreich Manfred · Heidenreich Sieghard · Heider Bertram · Heider Frank · Heider Klaus · Heider Pascal · Heiderich Lothar · Heidermann Friedhelm · Heidermann Gabriele · Heidermann Harald · Heidrich Beate · Heidrich Claudia · Heidrich Jörg · Heidrich Rudolf · Heieck Jürgen · Heigel Mario · Heil Andrea · Heil Benjamin · Heil Benjamin · Heil Bernhard · Heil Christian · Heil Florian · Heil Hans · Heil Kerstin · Heil Klaus · Heil Klaus · Heil Markus · Heil Markus · Heil Michael · Heil Norbert · Heil Rudolf · Heil Stefan · Heil Wolfgang · Heiler Andreas-Manuel · Heiler Marianne · Heiler Rogerio · Heiliger Siegfried · Heilmann Peter · Heim Bruno · Heim Gabriele · Heim Holger · Heim Klaus · Heim Ralf · Heim Rudi · Heim Undine · Heim Uwe · Heim Wolfgang · Heimann Emma · Heimann Manfred · Heimbach Andreas · Heim-Busse Carina · Heimer Andreas · Heimer Helmut · Heindl Sebastian · Heindl Stefan · Heine Florian · Heinlein Kirsten · Heinrich Philip · Heinrich Roland · Heinrich Simon · Heinrich Steffen · Heinrich Wolfgang · Heinsinger Otto · Heintel Marcus · Heintz Brigitte · Heintz David · Heintz Rudolf · Heinz Frederik · Heinz Hans-Werner · Heinz Ingo · Heinz Melissa · Heinz Niels · Heinz Sonja · Heinz Thomas · Heinz Werner · Heinze Torben · Heinzen Walter · Heinzmann Günter · Heisch Jörg · Heisel Karl-Ludwig · Heiser Christian · Heiser Hans-Albert · Heiser Klemens · Heiser Norbert · Heiser Norbert · Heiser Toni · Heisler Peter Stefan · Heitbrink Björn · Dr. Helbig Stefan · Held Bernd · Held Jürgen · Held Richard · Held Valentin · Helfen Jörg · Helfen Markus · Helfen Oliver · Helfenstein Lothar · Helfer Steffen · Helff Gabriele · Helfrich Christian · Helfrich Gabriel · Helfrich Michael · Hellan Andre · Hellbrück Gerhard · Heller Jannik · Hellmann Jochen · Hellmann Markus · Hellwig Daniel · Hellwig Hartmut · Hellwig Helmut · Hellwig Stefan · Helm Patrick · Helmling-Wittenstein Michael · Helms Hans-Günther · Helou Valentin · Hemberger Thilo · Hemmer Bianca · Hemmer Draht · Hemmer Horst · Hemmer Jochen · Hemmer Lena · Hemmer Werner · Hemmer Wolfram · Hemmerlein Gerd · Hempel Franziska · Henchen Brunhilde · Henchen Dominik · Henchen Sjörn · Heneka Marc · Hener Nils · Henes Hans-Ulrich · Hengrich Günter · Henke Roland · Henkel Elsa · Henkel Jens · Henkel Kevin · Henkel Michelle-Cheyenne · Henkel Peter · Henkel Peter · Henkel Robert · Henkel Steffen · Henkenhaf Felix · Henkes Jürgen · Henn Andreas · Henn Carsten · Henn Frank · Henn Michael Maximilian · Henn Sandra · Henn Wilhelm · Henne Wolfgang · Hennes Jürgen · Hennes Maximilian · Henniger Werner · Henning Olaf · Henninger Heike · Henrich Christel · Henrich Edmund · Henrich Eva · Henrich Gerhard · Henrich Kurt · Henrich Lothar · Henrich Lutz · Henrich Martina · Henrich Oswald · Henrich Wolfgang · Henrichs Thomas · Hentschel Björn · Hentschel Gabriele · Heppel Bernd · Heppert Marcel · Heppner Jörg · Herbach Thomas · Herber Marco · Herberg Thomas · Herbert Michael · Herbert Silke · Herboth Frank · Herboth Jutta · Herbrand Andreas · Herbrand Walter · Herbst Nicole · Herbst Peter · Herbst Rene · Herd Holger · Herdje Werner · Herges Reinhard · Herget Heinrich · Herlemann Peter · Herleth Volker · Herm Dieter · Hermann Christian · Hermann Marc · Hermann Rudi · Hermes Willi · Herr Michael · Herres Norbert · Herrmann Andreas · Herrmann Benjamin · Herrmann Carsten · Herrmann Diane · Herrmann Dieter · Herrmann Dirk · Herrmann Günter · Herrmann Hans-Jürgen · Herrmann Jürgen · Herrmann Michael · Herrmann Michael · Herrmann Nicole · Herrmann Ottmar · Dr. Herrmann Peter · Herrmann Thomas · Dr. Herrmann Walter · Herrmann Werner · Herrmann Michael · Herrmany Marianne · Hertel Jürgen · Hertel Jürgen Gerhard · Hertel Rudi · Herter Pascal · Herth Willi · Hertlein Manuel · Hertweck Carl · Herz Fabian · Herz Klaus-Heinrich · Herz Philipp · Herz Thorsten · Herz Udo · Herzberg Annemarie · Herzer Jens · Herzer Michaela · Herzhauser Arnd · Herzhauser Heinrich · Herzog Andre · Herzog Gerhard · Herzog Helena · Herzog Kati · Herzog Ulrike · Herzog Walter · Hesky Ernst-Ludwig · Hess Claus-Dieter · Heß Gerhard · Hess Herbert · Hess Karl · Hess Michael · Hess Peter · Hess Robert · Hess Rolf · Hess Sarah · Hess Stefan · Heß Thomas · Hess Vera · Hessenbruch Wilfried · Hessler Michael · Hetterich Ralf · Hettesheimer Sebastian · Hettler Bernd · Hettwer Steffen · Hetzel Franz · Hetzel Wolfgang · Heu Dietmar · Heu Hans-Dieter · Heuer Henrik · Heuken Markus-Paul · Heupel Dieter · Heusel Hannes · Heuser Helmut · Heuser Peter · Heuss Karlfried · Heuss Timo · Heusser Rolf · Hewener Katja · Hexamer Horst Rohr Druck GmbH · Hey Günter · Hey Stefanie · Heyd Patrick · Heyeck Pascal · Heyer Christophe · Heyer Uwe · Heyl Peter · Heyl Susanne · Heyl Tom · Heymann Albert · Heymann Helmut · Hickstein Gerd Dietrich · Hidalgo Paula Josephine Joana · Hieber Nicola · Hien Torsten · Hierholzer Nicole · Hiesinger Karlheinz · Hilcher Stephanie · Hild Lisa · Hild Reinhold · Hild Roland · Hildebrand Jan-Philipp · Hildebrand Jens · Hildebrandt Tosja · Hildenbrand Michael · Hildmann Sascha · Hilgenberg Lutz · Hilger Elke · Hilger Rudolf · Hilgers Frank · Hilgert Bernd · Hilker David · Hilker Heiko · Hill Hans-Jürgen · Hilla Markus · Hillenbrand Klaus · Hiller Joachim · Hilmes Thomas · Hilpisch Hartmut · Himmer Andreas · Himmer Stefan · Himmes Dieter · Hinderkopf Günter · Hinkel Alwin · Hinkel Hans · Hinkel Harry Rene · Hinkel Klaus Roger · Hinkel Reinhard · Hinkelmann Daniel · Hinkelmann Steffen · Hinterwälder Heinz · Hinterwälder Markus · Hinz Stephan · Hirsch Dieter · Hirsch Harald · Hirsch Herbert · Hirsch Karl · Hirsch Michaela · Hirsch Ralf · Hirsch Rudolf · Dr. Hirschberger Winfried · Hirschfeld Martin · Hirschinger Harry · Hirsekorn Andreas · Hirth Günther · Hissler Maxim · Hitzel Ralf · Hoare Beate · Höbel Dennis · Hoch Christian · Hoch Hans-Jörg · Hochdörffer Carolin · Hochdörffer Jonas · Hock Sabine · Hocke Gerd · Hoeppner Axel · Hoevel Daniel · Hof Alexander · Hofacker Walter · Höfels Helmut · Hofer Albert · Hofer Thomas · Hofer Thomas · Höfer Christoph · Hoff Jens · Hoff Steven · Hoff Torsten · Hoffmann Alexander · Hoffmann Alois · Hoffmann Andreas · Hoffmann Angela · Hoffmann Angelika · Hoffmann Bernd · Hoffmann Christian · Hoffmann Christian · Hoffmann Claudia · Hoffmann Dieter · Hoffmann Dirk · Hoffmann Erich · Hoffmann Frank · Hoffmann Frank · Hoffmann Frank Robert · Hoffmann Gabriel · Hoffmann Georg Werner · Hoffmann Gerald · Hoffmann Heidemarie · Hoffmann Heinrich · Hoffmann Heinz · Hoffmann Heinz · Hoffmann Herbert · Hoffmann Jens · Hoffmann Jens · Hoffmann Jonas · Hoffmann Jonas · Dr. Hoffmann Jürgen · Hoffmann Karl · Hoffmann Klaus · Hoffmann Laurent · Hoffmann Lothar · Hoffmann Lukas · Hoffmann Maike · Hoffmann Manfred · Hoffmann Markus · Hoffmann Matthias · Hoffmann Michael · Hoffmann Michael · Hoffmann Michael · Hoffmann Mike · Hoffmann Nicole · Hoffmann Peter · Hoffmann Philipp · Hoffmann Rheinhard · Hoffmann Sabrina · Hoffmann Stephan · Hoffmann Sven · Hoffmann Thomas · Hoffmann Timo · Hoffmann Viktor · Hoffmann bei Sachs Marcel · Höfig Christian · Höfle bei Ebersbach Thomas · Höfli Eugen · Höfli Kurt · Höfli Reinhard · Hofmann Franz · Hofmann Friedrich · Hofmann Jana · Hofmann Matthias · Hofmann Oliver · Hofmann Oliver · Hofmann Rainer · Hofmann Sabine · Hofmann Thomas · Hofmann Uwe · Hofmeister Anneliese · Hofmeister Bernd · Höfs Steffen · Hofschuster Andreas · Hofstadt Günter · Hofstätter Manfred · Höger Pierre · Högerl Thomas · Högner Hans-Joachim · Högner Petra · Höh Dennis · Höh Werner · Hohenadel Sascha · Hohmann Andreas · Hohn Gärtnerei · Höhn Hans · Höhn Joachim · Höhn Joachim · Höhn Jochen · Höhn Klaus · Höhn Lieselotte · Höhn Sabine · Höhn Ulrich · Höhne Uwe · Hohner Dieter · Hohner Klaus · Holaus Gerhard · Holl Karl-Peter · Holla Volker · Holland Peter · Holland-Cunz Gert · Holland-Cunz Matthias · Holländer Michael · Holler Michael · Holler Thomas · Hollermann Markus · Hollinger Matthias · Hollmann Sven · Hollstein Bernd · Hollstein Gerhard · Holstein Alfred · Hollstein Thilo · Holt Fritz · Holter Norbert · Höltge Otto · Höltmann Jens · Höltmann Michael · Holy Peter · Dr. Holz Manfred · Holz Peter · Holz Waldemar · Hölz Harald · Hölz Peter · Hölz Willi · Holzapfel Roland · Holzer Hans-Günther · Hölzgen Bernd · Holzgrefe Jörn · Holzhauser Ernst · Holzhauser Marcel · Holzhauser Marcus · Holzhauser Uwe · Holzhäuser Manfred · Holzinger Eiko · Holzinger Gregory · Holzmann Rainer · Hommer Thomas · Dr. Honecker Günter · Honecker Michael · Honecker Simon · Honecker Wolfgang · Honig Günther · Honig Ingrid · Hönig Ralf · Hoock Thomas · Hook Dennis · Hoos Herbert · Hopf Walter · Höpfner Holger · Höpfner Jörg · Hopp Thomas · Hoppen Bruno · Hora Franz · Hora Fritz · Horbach Günter · Hörhammer Christine · Höring Heinrich · Horlemann Jens · Horlemann Jürgen · Horn Alwin · Dr. Horn Hans Günther · Horn Marc · Horn Thomas · Horn Thomas · Hornbach Erik · Horne Andreas · Hornef Klaus · Hörner Elmar · Hornetz Jürgen · Hörr Hans · Hort Helmut · Hört Pasqual · Hört Ralf · Horter Ernst · Hortmann Ina · Horz Karl-Heinz · Hosic Idriz · Hoß Andy · Hossbach Heinz-Werner · Hostadt-Geraedts Gudrun · Höster Oliver · Hötger Fritz · Hotic Demir · Howard Gerda · Höwing Lothar · Howson Kevin · Hristov Marian · Hrutka Janos · Huber Andrea · Huber Benjamin · Huber Bettina · Huber Christoph · Huber Claus · Huber Erich · Huber Florian · Huber Gerhard · Dr. Huber Hans · Huber Hans-Günter · Huber Helga · Huber Josef · Huber Karl · Huber Karl-Heinz · Huber Martin · Huber Matthias · Huber Sandra · Huber Stefanie · Huber Timo · Huber-Erler Ralf · Hubert Jens · Hubert Klaus · Huberti Gisela · Huberti Hans-Joachim · Hublitz Otto · Hubmacher Jürgen · Hubmacher-Hauck Daniela · Hübner Peter · Hübner Reinhard · Hübner Stefan · Hübner-Blüm Anette · Hubrig Heidi · Hubrig Wolfgang · Huchler Marianne · Huchler Wendelin · Hück Henri · Hück Marc-Henri · Huckle Mark · Hudelmaier Jochen · Hudomiet Christian · Hudomiet Stephanie · Huesmann Michael · Huf Detlef · Hühne Matthias · Hüllsner Thomas · Hulpe Constantin · Hülsken Manfred · Hummel Rudi · Hummerich Mario · Hundgeburth Franz · Hundinger Erik · Hundt-Nolte Hans.-E. · Hünerfauth Christian · Hünerfauth Horst · Hunkeler Tobias · Hunschok Danny · Hunsinger Dieter · Hunsinger Hannelore · Hunsinger Kurt · Hunsinger Kurt · Hunsinger Steffen · Hurny Mike · Hürter Hagen · Husinger Uwe · Hussong Hans · Hüter Hansjürgen · Hüter Ingrid · Hüter Olaf · Huth Felix · Huth Hans-Werner · Hüther Ilka · Hüther Julius · Hüther Manfred · Hüther Steffen · Huthwelker Bernd · Hütten Petra · Hüttenberger Christian · Hüttenberger Frank · Hüttenberger Michael · Hutter Walfried · Hüttner Heiko · Hüttner Ralf · Hutzel Heinz · Hutzel Jan · Hutzel Tobias · Huwer Hans-Jürgen · Huwer Jörg · Huwiler Felix · Huy Rainer · Ikas Rainer · Ilic Sascha · Iliev Ivan · Illig Janina · Illmer Peter · Imfeld Frank · Imhäuser Ulf · Imig Christel · Imig Walter · Immesberger Rosemarie · Immetsberger Kai · Ingelen Alfred · Ingenbrandt Ralf · Ingiaimo Marco · Inman John · Ipsen Jörg · Irsch Erika · Isselhard Johannes · Itin Roman · Ixner Anton · Jäckels Jürgen · Jäckli Guido · Jackwerth Uwe · Jacob Andreas · Jacob Eric · Jacob Helmuth · Jacob Jürgen · Jacob Marion · Jacob Markus · Jacob Werner · Jacobi Hans-Jürgen · Jacobs Andreas · Jacobs Hans-Josef · Jacobs Hiltrud · Jadischke Ivonne · Jäger Alfred · Jäger Christian · Jäger Eduard · Jäger Kurt · Jäger Ralf · Jagsch Christina · Jagsch Karl F. · Jagsch Uta · Jähnke Karlheinz · Jähnke Markus · Jahreiss Gabriele · Jakob Herbert · Jakob Michael · Jakob Stephan · Jakober Helmut · Jakobi Stefan · Jakobs Martin · Jakobs Peter · Jakoby Robin · Jakoby Sascha · Jakowetz Walter · Jamski Richard · Janich Roland · Janik Daniel · Jankowski Aron · Jankowski Michael · Janorsky Petra · Jansen Hans-Jürgen · Janßen Christoph · Janssen Jörg · Janssen Marcus · Jantscha Christian · Jantscha Sabine · Janzen Jörg · Janzen Michael · Jaqui Dieter · Jaromska Margorzata · Dr. Jastram Martin · Jastram Paula · Dr. Jäth Kurt · Jaworski Manuela · Jaworski Peter · Jehle Stephan · Jelsch Mathias · Jendras Jürgen · Jendretzke Kai-Uwe · Jentzsch Rainer · Jergens Heinz · Jermis Isabel · Jesberger Hans-Joachim · Jester Noah · Jester Patric · Jilek Christian · Joas Michael · Jobczyk Michael · Jochem Klaus · Jochem Michael · Jochim Josua · Jochum Claudia · Jochum Frank · Jochum Günter · Jochum Paul · Jochum Rainer · Jochum Tamara · Jochum Tanja · Jochum Timo · Jochum Wilhelm · Jöckel Eva · Jöckle Michael · Joeckel Lars-Jörn · Jogschas Rüdiger · Johann Andreas · Johann Heinz-Werner · Johann Horst · Johann Karl-Heinz · Johann Marco · Johann Matthias · Johann Otto · Johann Robert · Johann Stefan · Johann Udo-Hermann · John Sascha · Johnen Karl · Joistgen Frank · Joksch Wolfgang · Jonas Bettina · Jonas Stefan · Jopp Karl · Jordan Reinhard · Jörg Andrea · Jörg Erwin · Jörg Jochen · Jörg Karlheinz · Jörg Uwe · Jörgens Detlef · Jörger Frank · Jörres Thorsten · Josing Tobias · Jost Dennis Oliver · Jost Gerhard · Jost Heinz · Jost Johann · Jost Lisa · Jost Mario · Jost Otmar · Jost Steffen · Jostock Uwe · Josy Ronald · Jovanovic Tanja · Jox Anton · Juchem Torsten · Jülly Amanda · Juner Maria · Juner Markus · Dr. Jung Adolf · Jung Alexander · Jung Alfred · Jung Andrea · Jung Andreas · Jung Andreas · Jung Anja · Jung Anja · Jung Bruno · Jung Christine · Jung Christofer · Jung Claudia · Jung Dirk · Jung Frank · Jung Frank · Jung Günter · Dr. Jung Hans · Jung Hans-Dieter · Jung Hans-Günter · Jung Hans-Günther · Jung Helmut · Jung Julian · Jung Kai-Uwe · Jung Karl · Jung Karl-Heinz · Jung Kurt · Jung Lara Sophie · Jung Mark · Jung Marliese · Jung Martin · Jung Michael · Jung Michael · Jung Moiken · Jung Petra · Jung Rainer · Jung Richard · Jung Rüdiger · Jung Selina · Jung Steffen · Jung Tanja · Jung Thorsten · Jung Ulrich · Jung Uwe · Jung Volker · Jung Walter · Jung Werner · Jung Werner · Jung Wolfgang · Jung Wolfgang · Jung Wolfram · Jungen Andreas · Junges Rüdiger · Junglas Volker · Jungmann Eckhard · Jungmann Heinrich · Junker Ingo · Jürges Udo · Jussen Stefan · Just Stefan · Just Tobias · Justinger Gerhard · Kabelitz Wolfgang · Kade Wolfgang · Kadel Klaus · Kadler Michael · Kadolph Udo · Kaduk Matthias · Käfer Jürgen · Käfer Lukas · Kafitz Andreas · Kagelmann Uwe · Kahne Peter · Kahnert Roland · Kaiser Dieter · Kaiser Dirk · Kaiser Jens · Kaiser Jochen · Dr. Kaiser Johannes · Kaiser Josef · Kaiser Klaus · Kaiser Lothar · Kaiser Manfred · Kaiser Marco · Kaiser Michael · Kaiser Michaela · Kaiser Paul · Kaiser Raimund · Kaiser Uwe · Kaiser Werner · Kaiser Wolfgang · Kakerbeck Andreas · Kalbfuss Werner · Kalbheim Georg · Kalcsics Gerald · Kaldschmidt Timo · Kaleck Sonja · Kalff Joachim · Kalff Rudolf · Kalff Thomas · Kalkbrenner Paul · Kalkes Peter · Kallenbach-Caglar Cornelia · Kallenberg Dieter · Kallfisch Frank · Kallfisch Gisela · Kallfisch Heinz · Kallien Hans-Joachim · Kallmayer Günter · Kallmayer Jörg · Kallmayer Ralf · Kallmayer Thomas · Kalmes Christian · Kaltenbeck Karlheinz · Kalusa Martin · Kamb Rainer · Kambeck Marco · Kaminke Jörn · Kaminski Claudia · Kaminski Diana · Kamlade Roland · Kämmer Bernd · Kämmer Dieter · Kämmer Günter · Kämmer Peter · Kämmer Silvia · Kammerer Markus · Kämmerer Klaus · Kämmerle Klaus · Kämpfe Uwe · Kandels Michael · Kandora Marian · Kandziora Dennis · Kannengießer Mario · Kannengießer Uwe · Kannengießer Wolfram · Kapian Peter · Kapp Peter · Kappe Patrick · Kappelmaier Peter-Jürgen · Kapperer Mario · Kappler David · Kappler Peter · Kaps Jan · Kapuschenski Vanessa · Karagiozoglou Theodoros · Karch Erich · Karch Günther · Karch Heiner · Karch Karin · Karch Laura · Karch Winfried · Karcher Michael · Kärcher Rainer · Karer Rainer · Karl Andreas · Karlein Dennis · Karlein Florian · Karrenbauer Christian · Karrenbauer Martin · Karst Sven · Kaschewski Nikolai · Kasparczyk Damian · Kasper Hans-Georg · Kasper Philipp Dominik · Kassel Hans-Rainer · Kasselmann Raphael · Kast Karlheinz · Kastl Janine · Kästner Jörg · Kästner Peter · Kästner Werner · Kattler Karlheinz · Katzer Kai · Kauczinski Thorsten · Kauf Peter · Käufer Markus · Käufer Werner · Kaufhold Hubert · Kaufhold Sascha · Kaufmann Alfred · Kaufmann Felix · Kaufmann Frank · Kaufmann Fränzi · Kaufmann Friedhelm · Kaufmann Uwe · Kaufmann Waltraud · Kaul Karl-Werner · Kaul Thomas · Kaul Willi · Käuper Horst · Kaus Willi · Kaut Richard · Kauth Robert · Kauther Bernd · Kautz Manfred · Kautz Thomas · Kaya Halil · Kayser Stephan · Keck Felix · Dr. Kees Rudolf · Keess Katrin · Kefes Peter · Kefes Ronnie · Kegel Silke · Kehl Michael · Kehl Thomas · Kehl Ulrike · Kehr Anita · Kehr Dieter · Kehr Dirk · Kehrer Erich · Kehrer Klaus · Kehrer Nicole · Kehrer Patricia · Kehry Peter · Keil Klaus · Keil Thorsten · Keilhauer Stefan · Keim Andreas · Keim Boris · Keiper Angelika · Keiper Daniel · Keiper Erwin · Keiper Gerd · Keiper Hannelore · Keiper Heinrich · Keiper Matthias · Keiper Timo · Keipert Jakob · Keitel Mathias · Keles Denis · Keller Alfred · Keller Armin · Keller Bastian · Keller Berthold · Keller Carsten · Keller Carsten · Keller Esther · Keller Frank · Keller Hubert · Keller Jan · Keller Johann · Keller Karin · Keller Manfred · Keller Martin · Keller Matthias · Keller Reiner · Keller Stefan · Keller Stefan · Keller Thomas · Keller Toni · Kellermann Bianca · Kellermann Katrin · Kellermann Werner · Kelling Roland · Kelly Steven · Kelm Oliver · Kemmerer Thomas · Kemp Alexander · Kempf Anja · Kempf Brigitte · Kempf Helmut · Kempf Renate · Kempf Roger · Kempf Stefan · Kennel Ralf · Kepes Andreas · Keppler Joachim · Kerbeck Georg · Kerger Andrea · Kerger Markus · Kern Anke · Kern Anneliese · Kern Jens · Kern Jochen · Kern Markus · Kern Rainer · Kern Roland · Kern Thorsten · Kern Wolfram · Kerner Andreas · Kerns Heiner · Kerns Ingrid · Kerper Heinz-Werner · Kerst Harry B. · Kersten Raimund · Kerth Michael · Kerth Rosi · Kerth Sebastian · Kerth Volker · Kerz Marco · Kesberger Gottfried · Kesberger Margitta · Kessel Norbert · Kessler Raimund · Kessing Jürgen · Kessler Claus-Peter · Kessler Constanze · Kessler Friedhelm · Kessler Horst · Kessler Hubert · Kessler Karl-Josef · Kessler Kevin · Kessler Maximilian · Kessler Nadine · Kessler Sabine · Keßler Thomas · Ketelsen Helge · Kettenhofen Leo · Kettenhofen Malou · Kettenhofen Simone · Kettenring Eckhard · Ketter Manfred · Ketter Stefan · Kettering Anna · Kettering Christian · Kettern Ansgar · Ketzer Claudia · Keuper Jürgen · Dr. Keusen Raimund · Keyser Florian · Kieborz Robert · Kiefaber Roland · Dr. Kiefer Alfred · Kiefer Andreas · Kiefer Benno · Kiefer Bruno · Kiefer Daniel · Kiefer Eric · Kiefer Frank · Kiefer Franziska · Kiefer Gerhard · Dr. Kiefer Heribert · Kiefer Hubert · Kiefer Johannes · Kiefer Klaus · Kiefer Lukas · Dr. med. Kiefer Lutz · Kiefer Steffen · Kiefer Thomas · Kieffer Claude · Kiemen Thorsten · Kienzle Oliver · Kieper Peter · Kiermeier Björn · Kies Claus-Jürgen · Kilburg Hans-Heiner · Kilian Andreas · Kilian Frank · Kilian Tim · Kilic Murathan · Kind Jürgen · Kindler Carsten · Kindler Ilka · Kintz Roland · Kipp Stefan · Kirch Eckhard · Kirch Mathias · Kirch Reiner · Kirch Thorsten · Dr. Kirchartz Hanspeter · Kirchem Holger · Kirchenbauer Uwe · Kircher Ralph · Kircher Tanja · Kirchmer Andrea · Kirchmer Rainer · Kirchner Karl-Heinz · Kirchner Martin · Kirchner Nico · Kirchner Thorsten · Kiros Petros · Kirsch Alfons · Kirsch Andreas · Kirsch Erich-Jochen-Georg · Kirsch Katja · Kirsch Martin · Kirsch Peter · Kirschbaum Karl · Kirsop Randy · Kirstein Ulrich · Kissel Dieter · Kissel Markus · Kissler Alexander · Kissler Rainer · Kistner Karl · Kistner Thomas · Kitsch Frank · Klaassen Ulrich · Klaeser Sebastian · Klaeser Wilfried · Klahre Thomas · Klamet Hermann · Klan Heinz · Klankert Jan-Marc · Klapp Edwin · Klapp Oliver · Klappacher Gert · Klappert Rainer · Klasen Frank · Klasen Frank · Klasen Werner · Kläser Holger · Klaßmann Manfred · Klatt Gerd · Klauck Volker · Klaue Steffen · Klaus Marco · Klauser Heinz · Klausmann Birgit · Klawonn Torsten · Kleber Barbara · Kleber Dirk · Kleber Steffen · Klee Willi · Kleefisch Markus · Kleffmann Frank · Klehenz Benno · Klehr Andreas · Klehr Bernhard · Klehr Alfred · Klein Alois · Klein Andreas · Klein Annemarie · Klein Benjamin · Klein Bettina · Klein Carsten · Klein Carsten · Klein Christoph · Klein Claudia · Klein Daniela · Dr. Klein Erhard · Klein Franz · Klein Friedrich · Klein Gerhard · Klein Gerlinde · Klein Günther · Klein Hannelore · Klein Harald · Klein Heike · Klein Heiko · Klein Helga · Klein Helmut · Klein Horst · Klein Jochen · Klein Julia · Klein Karl · Klein Karlheinz · Klein Kurt · Klein Marcel · Klein Markus · Klein Martin · Klein Michael · Dr. Klein Michael · Klein Michael · Klein Michael · Klein Patrick · Klein Ralf · Klein Ralf · Klein Sandra · Klein Simeon Johannes · Klein Thomas · Klein Thomas · Klein Thomas · Klein Thomas · Klein Tom · Klein Torsten · Klein Uwe · Klein Volker · Klein Walter Roger · Klein Werner · Klein Werner · Klein Wolfgang · Kleinbauer Kurt · Kleindienst Markus · Kleine Christoph · Kleine Heinz · Kleinhanß Arno · Kleinhanß Hans-Günther · Kleinhenn Ulli · Klein-Kocksch Gilda · Kleinschmager Franziska · Kleinz Reinhold · Kleissler Jochen · Klemens Marco · Klemens Patrick · Klemens Uwe · Klemm Thomas · Klenovsky Christian · Klepiszewski Kai · Kletsch Oliver · Klette Jürgen · Kletting Stephanie · Klever Horst · Klever Inge · Kley Frank · Klicht David · Kliem Michael · Klimek Gerhard · Klimek Klaus · Klimmer Volker · Klinck Stefan · Kling Matthias · Klingkowski Günter · Klingkowski Heinz · Klingkowski Ludwig · Klingkowski Uwe · Klingler Heiko · Klingler Robert · Klink Adolf · Klink Monika · Klinke Lothar · Klinkert Marc · Klippel Norbert · Kliska Guido · Klohr Rene · Klomann Alexander · Klomann Daniela · Klomann Stefan · Klöp Bernhard · Klöp Wolfgang · Klöpfer Kai-Timo · Klöpfer Marco · Klöpfer Peter · Kloppe Heinz · Klöppinger Reinhold · Klos Andrea · Klos Otto · Klose Miroslav · Klösel Hans-Joachim · Klöß Holger · Klosset Matthias · Klug Christian · Klug Christine · Klug Herbert · Klug Jennifer · Dr. Klug Klaus · Kluge Melina · Kluge Thomas · Klum Ralf · Klumbach Helmut · Klumm Dietmar · Klumpen Christian · Klunk bei Skuridin-Pail Viktor · Klusen Anne · Klüver Martin · Knab Klaus · Knapp Oliver · Knarr Fabian · Knarr Rainer · Knauber Reimund · Knauber Stephan · Knauer Willi · Knauf Susanne · Knauth Michael · Knebel Georg · Knebel Nicole · Knecht Hans · Knecht Klaus · Knecht Markus · Knecht Wolfgang · Kneis Klaus · Kneis Rita · Kneißler Jürgen · Knell Christian · Knell Udo · Kneller Dieter · Kneller Karin · Kneller Nicole Marion · Knerr Jens · Knerr Rudolf · Knerr Thorsten · Knewitz Angelika · Knewitz Karl-Ernst · Knieling Elvira · Knieling-Bayer Brigitte · Dr. Knieriemen Wolfgang · Knipping Peter · Knirr Dieter · Knirr Eva · Knirr Günter · Knirr Sarah · Knirr Ulrich · Knispel Dietmar · Knispel Horst · Knittel Jan · Knitte Udo · Knoblach Marius-Andreas · Knobloch Sebastian · Knoch Tanja · Knoch Walter · Knochel Anton · Knochel Clemens · Knoll Christian · Knoll Claudia · Knolle Wilfried · Knopp Detlef · Knopp Steffen Fritz · Knöringer Martin · Knorpp Willi · Knörr Karl-Gerhard · Knoth Julia · Knötzsch Harald · Knötzsch Kathrin · Koback Albert · Kobel Patrick · Koblienko Steffen · Koch Andrea · Koch Benjamin · Koch Bernhard · Koch Christoph-Oliver · Koch Dieter · Koch Eckhard · Koch Eugen · Koch Eva · Koch Frank · Koch Fredy · Koch Fritz · Koch Fritz · Koch Gerhard · Koch Harry · Koch Helene · Koch Hermann · Koch Ingrid · Koch Josef · Koch Lutz · Koch Madeline · Koch Marcus · Koch Matthias · Koch Maximilian · Koch Michael · Koch Peter · Koch Sabine · Koch Simon · Koch Steffen · Koch Theobald · Koch Ulrich · Koch Uwe · Kochanek Kai · Koch-Benter Waltraut · Kochenburger Birgit · Kochenburger Karlheinz · Kochenburger Margot · Kochenburger Patricia · Kochhan Dieter · Kochner Andreas · Kochner Jürgen · Kocksch Gunter · Koehl Klaus · Koeppl Marcel · Koerth Thomas · Koeffermane Gerhard · Dr. Köglmayr Elke · Kohl Andreas · Kohl Dieter · Dr. Kohl Helmut · Kohl Michael · Kohl Peter · Kohl Regina · Kohl Robert · Kohl Stephan · Köhl Hans · Köhlen Simon · Köhler Christian Klaus · Köhler Dennis · Köhler Günter · Köhler Harald · Köhler Rolf · Köhler Sammy · Köhler Sonja · Dr. Köhler Thomas · Köhler Werner · Köhler Willi · Kohlhaas Thomas · Kohlmann Axel · Kohlruss Stefan · Köhn Willi · Köhn Mathias · Kohnle-Gros Marlies · Kohr Harald · Dr. Kolb Franz-Josef · Kolb Günther · Kolb Hermann · Kolb Patricia · Kolberg Uwe · Kolkes Raymond · Dr. Koll Michael · Koll Norbert · Kollar Kevin · Kollender Stephan · Köllisch Otfried · Köllken Heinz · Köllken Lars · Kollmann Jan David · Kollmann Peter · Kollmann Willi · Kollmannsperger Hans · Kolmer Dieter · Kolmer Matthias · Kolmsee Jürgen · Kolmsee Ralf · Kolter Dirk · Kolter Uwe · Kolter Wolfgang · Kolz Marco · Komljenovic Slobodan · Könen Leo · König Dominik · König Friedrich · König Hans · König Klaus · König Manfred · König Marius · König Markus · König Michael · König Monika · König Peter · König Peter · König Ralf · König Roland · König Sebastian · Königsmann Heinz · Königstein Gabi · Königstein Heinz · Königstein Pascal · Konrad Christian · Konrad Christoph · Konrad Harry · Konrad Michael · Konrad Rebecca · Konrad Thilo · Konrad Timo · Konradt Jürgen · Konrath Bernd · Konrath Christian · Konrath Gerhard · Konrath Ludwig · Konz Andreas · Konz Harald · Konz Steffi · Konz Tina · Konz Volker · Koob Gerd · Koob Gerda · Koob Hans · Koob Uwe · Koob Willi · Koohi Ehsan · Koop Dirk-Uwe · Koop Manuela · Koper Christoph · Kopf Anton Peter · Kopf Hans-Anton · Kopf Klaus · Kopf Michael · Kopnarski Dieter · Kopp Walter · Koppe Anette · Köppel Frank · Koppenhöfer Bernd · Prof. Dr. Kopper Bernd · Kopper Hans · Kopper Marcus · Köraus Michael · Korb Mathias · Körber Michael · Körfer Peter · Korfmann Günter · Korfmann Heike · Korfmann Markus · Korn Bettina · Korn Christian · Korn Daniel · Korn Eva · Korn Günter · Korn Helmut · Korn Kai · Körner Albert · Körner Josef · Körner Maria · Körner Rudi · Körner Torsten · Kornisch Benjamin · Kornmüller Kurt · Körper Christian · Korrmann Petra · Korscheid Anette · Korscheid Heribert · Korscheid Wolfgang · Korst Sebastian · Kort Andreas · Kort Matthias · Kort Roland · Korz Ansgar · Korz Roland · Korz Wolfgang · Dr. Kosack Thomas · Kosel Eduard · Koser Jürgen · Kossak Bernd · Kossak Otto · Kost Stefan · Köth Harald · Köth Sabrina · Kothe Bernard · Kötting Paul · Kötz Frank · Koutelekos Panagiotis · Koutelkou Elleni · Kowalski Frank · Kowalski Susanne · Koza Johann · Kozlowski Desiree · Kozlowski Jaqueline · Kozlowski Sven · Kraatz Christian · Kraatz Dirk · Kraemer Karsten · Krafczyk Dieter · Kraft Anne Katrin · Kraft Rajko · Kraft Roland · Kragl Christopher · Kraitschy Svenja · Kraitschy Vanessa · Kramb Alexander · Kramb Anette · Kramb Daniel · Kramb Gerd · Krambrich Simon · Kramer Gilbert · Kramer Karin · Kramer Michael · Kramer Paul · Krämer Andreas · Krämer Andre-Philip · Krämer Artur · Krämer Christian · Krämer Ewald · Krämer Frank · Krämer Karl-Ludwig · Krämer Klaus · Krämer Lars · Krämer Lothar · Krämer Michael · Krämer Rainer · Krämer bei Neues H. Norbert · Krämer-Schlapp Stefanie · Krammer Karin · Krammes Dominik · Kränkel Otmar · Krannich Alexandra · Krannich Doreen · Kranz Daniela · Kranz Erwin · Kranz Petra · Kränzlein Matthias · Krapf Rainer · Krasemann Frank · Krassowski Sascha · Kratochwil Marco · Kratt Enzo · Kratz Detlef · Kraus Armin · Kraus Bernhard · Kraus Gert · Kraus Günter · Kraus Herbert · Kraus Michael · Kraus Olaf · Kraus Thomas · Kraus Tim · Krause Daniel · Krause Holger · Krause Jeronimo · Krause Klaus-Dieter · Krause Marco · Krause Martin · Krause Regina · Krause Renato · Krause Sascha · Krause Thomas · Krause Timo · Krause-Prien Andreas · Kraushaar Hans-Hermann · Kraushaar Joachim · Krauss Alfons · Krauss Daniel · Krauss Fritz · Krauss Jens · Krauss Katharina · Krauss Mario · Krauss Markus · Krebs Hagen · Krebs Thomas · Krebs Uli · Krechel Bernd · Kreft Bernd · Dr. Krehbiel Hans-Heinrich · Krehbiel Horst · Krehbiel Johannes · Kreikebaum Werner · Krein Reiner · Kreis Thorsten · Kreischer Kai · Kreischer Markus · Kreiser Günther · Deutsche Kreislaufhilfe Herz- · KREISSPARKASSE · Kreitmann Manfred · Krekel Hans-Willi · Krell Olaf · Kremb Kurt-Josef · Dr. Kremer Johannes · Kremer Sascha · Kremer Stefan · Kremer Volker · Krempel Christian · Krems Ursula · Krennrich Norbert · Krenz Roland · Kress Alexander · Kress Dominic · Kress Marc · Kretner Horst · Kretschmer Andreas · Kretz Dieter · Kretz Hartmut · Kreuscher Martin · Kreutz Gerd · Kreutz Maria · Kreuz Markus · Krewenka Andre · Krewenka Jutta · Krewenka Nadine · Krewenka Reinhold J. · Krey Steffen · Krichbaum Martin · Krichebauer Marco · Krick Christoph · Krick Frank · Krick Herbert · Krick Kirsten · Krick Nicki · Krick Stefan · Krieg Jürgen · Krieg Jürgen · Krieg Peter · Krieger Uli · Krieger Viktor · Kriegshäuser Björn · Kriegshäuser Dieter · Krier Frank · Krier Hermann · Krings Hans-Hermann · Krob Alexander · Krob Björn · Krob Dennis · Krob Rudi · Krob Senta · Krob Thorsten · Kroczek Boris · Kroczek Heinz · Kroczek Janusz · Krög Marc · Kröger Brian · Krolikowski Marcin · Kroll Thomas · Krolla Peter · Krollmann Lothar · Krompholz Udo · Kron Michael · Krone Hans-Werner · Kronenberger Albert · Kronenberger Natascha · Kronenberger Sabine · Kroner Jürgen · Dr. Kröning Heike · Kröning Karsten · Kronz Rudolf · Kropfinger Kai · Kropp Herbert · Krottenthaler Friedrich · Kruchten Manfred · Krueck Frank · Krug Rainer · Krug Andreas · Krüger Christian · Krüger Frank · Krüger Johannes · Krüger Jürgen · Krüger Kay · Krüger Mario · Krüger Oliver · Krüger Peter · Dr. Krüger Richard · Krüger Stefan · Krummel Peter · Krumrey Volker · Krupp Martina · Krupp Tobias · Kryschik Jochen · Kubis Wolfgang · Kubischta Hans · Kubischta Joris · Kübler Herbert · Kübler Rudolf · Kuby Fritz · Kuby Herbert · Kuby Selma · Kuby Walter · Küchler Otto · Kucinski Francis · Kudzma Robertas · Kudzma Wolfgang · Kühlwein Bruno · Kuhn Armin · Kuhn Aurie · Kuhn Bernhard · Kuhn Edwin · Kuhn Gabriele · Kuhn Heinrich · Kuhn Horst · Kuhn Kevin · Kuhn Manfred · Kuhn Michael · Kuhn Oliver · Kuhn Philomene · Kuhn Rene · Kuhn Sebastian · Kuhn Steven · Kuhn Thomas · Kuhn Udo · Kuhn Werner · Kuhn Wilhelm · Kühn Gert · Kühn Karl · Kühn Kerstin · Kühn Martin · Kühn Michael · Kühn Norbert · Kühn Wolfgang · Kühne Jana · Kühner Frank · Kuhnke Christoph · Kuhnt Holger · Kuhr Johannes · Kühr Bettina · Kulig Sascha · Kulik Armin · Kullmer Karlheinz · Kulzer Kirsten · Kummer Mathias · Kumpies Bernd · Kunert Thomas · Kuntz Andre · Kuntz Andreas · Kuntz Axel · Kuntz Bruno · Kuntz Christopher · Kuntz Hans-Günter · Kuntz Hugo · Kuntz Jürgen · Kuntz Stefan · Kuntz Thomas · Kuntz Thomas · Kuntze Sebastian · Kunz Albert · Kunz Anja · Kunz Benjamin · Kunz Dieter · Kunz Eric · Kunz Günther · Kunz Hendryk · Kunz Hermann · Kunz Manfred · Kunz Marco · Kunz Marco · Kunz Michael · Kunz Robert · Kunz Sascha · Kunz Sören · Kunz Steffen · Kunze Bernd · Kunze Michael · Kunz-Holzner Waltraud · Künzle Stephanie · Kupferschmid Lothar · Kupka Herbert · Kupper Hans · Kupper Johannes · Kuppel Peter · Kupper Thomas · Kuppler Marie · Kuppler Rolf · Kurtic Marko · Kurz Christian · Kurz Elisabeth · Kurz Hartmut · Kurz Manuel · Kurz Mathias · Kurz Pascal · Kurz Stefan · Kuschel Karl-Heinz · Kuss Carsten · Kussmann Hans · Kussmaul Adolf · Küssner Michael · Küster Erich · Kustes Matthias · Kutien Bettina · Kutscher Rudolf · Kuttruff Bernd · Kuttruff Nicole · Kutz Alexander · Kuyken Ralf · Laas Nina-Theresia · Laban Kristian · Lacagnina Antonino · Lacker Frank-Ulrich · Lackmann Markus · Lackner Andreas · Lackner Stefan · Ladinek Alexander · Laemmerhold Kai · Lagies Horst · Lahm Karl-Ernst · Lahr Manfred · Lahr Robert · Laible Holger · Laier Hans-Albert · Laier Norbert · Laier Sascha · Lallensack Achim · Lamb Christian · Lambach Michaela · Lambert Hans-Jürgen · Lambert Patrick · Lambert Reiner · Lambert Uwe · Lambing Hubert · Lambrecht Hans Peter · Lambrecht Peter ·

Tradition hat Zukunft

Leibfried · Rauland

100 Jahre 1. FC Kaiserslautern

Die ersten Versuche: Fußball im Jahre 1900

100 Jahre 1. FC Kaiserslautern

1. Auflage 2000

Druck: Bernecker, Melsungen
Buchbinderische Verarbeitung: Buchbinderei Büge, Celle
Layout und Titelgestaltung: vis@vis, Die Agentur für Kommunikation, Enkenbach-Alsenborn
Redaktion: Dirk Leibfried (verantwortlich), Gerd Rauland (verantwortlich), Fritz Kuby, Hans Sprengard, Heinz Stühn
Beiträge von: Heinrich Breyer, Jürgen Friedrich, Benjamin Henrichs, Axel Roos, Erich Schneider, Wolfgang Schneider, Walter Schumacher
Fotos: Paul Gilbrecht, FCK-Archiv, Privatarchive

Im Wiesental 1, 34281 Gudensberg-Gleichen
Telefon 05603 / 93050

ISBN 3-86134-719-9

1. FC Kaiserslautern

[Tradition hat Zukunft]

Dirk Leibfried · Gerd Rauland

Grußworte von Kanzlern, Ministerpräsidenten oder sonstigen Amts- und Würdenträgern zieren in der Regel den Anfang von Jubiläums-Büchern. Wenn jetzt zum 100. Geburtstag kein Grußwort erscheint, sollten Sie daraus bitte keine falschen Schlussfolgerungen ziehen. Grußworte sind nun mal eine Qual. Für den, der sie schreiben muss, und mehr noch für den, der sie lesen soll. Also haben wir darauf verzichtet.

Nach Erscheinen des Buches werden wir uns für ein paar Wochen in einen entlegenen Winkel des Fritz-Walter-Stadions zurückziehen um Abbitte zu leisten. Für kleine oder auch größere Fehler, die sich trotz aller Sorgfalt und Akribie bei der Recherche vielleicht doch in das Buch eingeschlichen haben. Und für die ungewollte Ignoranz altgedienten Mitgliedern gegenüber, die ihrer Meinung nach nicht in gebührendem Maße erwähnt werden. An dem hehren Ziel, es allen recht zu machen, sind schon ganze Generationen von Jubiläums-Autoren gescheitert. Unseren Vorgängern und uns ist aber - bitte nehmen Sie uns das ab - eins gemein: Es steckte keine böse Absicht dahinter.

Es gibt inzwischen viele Bücher über den 1. FC Kaiserslautern: Solche, in denen die geschichtliche Entwicklung des Vereins mit allen Höhen und Tiefen beschrieben wird. Aber auch Tabellen- und Zahlenwerke, die detailgenau den Datenbank-Freak zufrieden stellen. Wir hielten es dehalb für wenig sinnvoll, den vorhandenen Chroniken eine weitere hinzuzufügen, zumal wirklich neue Erkenntnisse im Zuge der Recherchen nicht gewonnen werden konnten und auch neues Quellenmaterial nicht zu Tage getreten ist. Ebenso haben wir auf Statistiken verzichtet und verweisen in diesem Zusammenhang auf unsere Buch-Tipps im Anhang. Gleichwohl möchten wir mit einer das ganze Buch durchlaufenden Zeitleiste schlaglichtartig - und in der Auswahl durchaus subjektiv - dem Leser eine gewisse Orientierung bieten in der 100-jährigen Geschichte des 1. FCK.

Im Vordergrund stehen in diesem Buch aber die Geschichten und die Bilder: Wir hoffen, damit auch Insidern noch einige neue Eindrücke zu vermitteln und Außenstehende für den FCK zu interessieren, vielleicht sogar zu begeistern.

In loser Folge haben wir „Erinnerungen" von Peter Zängry in das Buch eingestreut, die er uns im Januar in einem langen Gespräch mitgeteilt hat. Zängry war in den 30er Jahren eines der ersten Fußballidole in Kaiserslautern und nach seiner aktiven Zeit als Jugendleiter im Verein tätig. Leider durfte Peter Zängry das Erscheinen dieses Buches und den 100. Geburtstag des 1. FCK nicht mehr erleben. Er starb 89-jährig im März dieses Jahres.

Der FCK ist ein Verein mit einer großen Tradition. Dafür haben die Altvorderen von Gebhard „Schnaz" über Fritz Walter, Hans-Peter Briegel, Stefan Kuntz, Andreas Brehme und viele, viele andere gesorgt. Aber aus dieser Tradition erwächst nur dann auch eine große Zukunft, wenn der Mythos, der den Verein umgibt, lebendig bleibt und sich ständig erneuert. An dieser Stelle sind alle gefragt, die Verantwortung tragen beim FCK: Sie müssen die Herausforderungen der Gegenwart aufgreifen, auch die Gefahren erkennen und die Weichen so stellen, dass bei allem Bemühen um sportlichen und finanziellen Erfolg die Faszination des Fußballs erhalten bleibt und die Identifikation der Fans und der einfachen Mitglieder mit dem Verein nicht verloren geht.

Diesen Jubiläums-Band wollen wir all denen widmen, die sich in den vergangenen 100 Jahren für den 1. FC Kaiserslautern engagiert und den Verein zu dem gemacht haben, was er heute ist: einzigartig.

Dirk Leibfried Gerd Rauland

KADLEC
5
LUTZ
20

Deutscher Meister 1998

Der alte Mann und der Berg

„Still und verloren in seine Gedanken saß er dort droben auf einer der gewaltigen Tribünen unserer heutigen Stadien, jener ergraute Fußballpionier, und erlebte den vielbejubelten Einzug der beiden Mannschaften. Er erlebte, wie sie sich einen Weg durch die erwartungsfrohen Menschenmassen bahnten. Er vernahm das Schnappen der Verschlüsse der vielen Pressephotographen und er hörte das Surren der Aufnahmegeräte der Wochenschauen, die mit ihren großen Objektiven den 22 Akteuren in die Seelen hineinzuschauen schienen. Er registrierte den ungeheuren Jubel der von überall herbeigeeilten Fußballbegeisterten, der wie das Rauschen eines Orkans über die hoch aufsteigenden Ränge und das herrliche sattgrüne Spielfeld, auf dem jeder einzelne Grashalm mit Liebe gepflegt zu sein schien, hinwegbrauste. Er sah während des Kampfes auf dem Rasenteppich die sachverständige Freude der Massen, wenn das Spielgeschehen sie in ihren Bann zog. Vor seinem geistigen Auge erstand noch einmal jene unübersehbare Menge von Kraftfahrzeugen aus nah und fern, die wie ein gewaltiger motorisierter Fußballpilgerzug auf dieses moderne Riesenstadion losrollte. Er sah die enttäuschten Blicke alle jener Anhänger, deren Mannschaft bestürzt den Ball aus dem Netz holen musste, während das gegnerische Lager mit einer Stimmgewalt, die für die Mauern von Jericho Gefahr bedeutet hätten, diesen Treffer bejubelte. Er war sodann im erregten und brodelnden Abmarsch der Tausende eingekeilt, vernahm ihre Begeisterung und ihre Enttäuschung über den Sieg oder die Niederlage ihrer Farben."

(Aus dem Jahrbuch „50 Jahre 1. FCK")

Die Beine sind müde, die Schritte wirken längst nicht mehr so behende wie früher, wenn er von der Innenstadt hinauf auf den Betzenberg marschiert. Wie viele tausend Mal mag er diesen Weg gegangen sein? Doch die Füße melden sich immer öfter zu Wort. Max ist alt geworden. Zweifellos. Doch Max ist keiner, der fortwährend davon spricht, wie viel besser doch früher alles gewesen sei. Auch wenn ihm in den letzten Tagen viele Gedanken durch den Kopf gegangen sind.

Max wurde gebeten, Fotos aus längst vergangenen Zeiten für eine geplante Ausstellung sowie einen Fotoband zum Jubiläum zusammenzustellen. Ordner und Schuhkartons voller Erinnerungen, vergilbte Zeitungsausschnitte und Urkunden mit Eselsohren gilt es zu durchforsten. „Waren das Zeiten!", schießt es ihm schwärmerisch durch den Kopf, ehe er den Gedanken wieder verwirft. „Das Heute hat schließlich auch seinen Reiz." Jüngste Zeugnisse der Vereinsgeschichte dokumentieren dies auf eindrucks-

1900
1910
1920
1930
1940
1950
1960
1970
1980
1990
2000

[1900]

Ende Mai

Auf Einladung der Buchdrucker Adam Lösch aus Mannheim und Rudolf Eisele aus Stuttgart, die es aus beruflichen Gründen nach Kaiserslautern verschlagen hat und die bereits

in ihrer Heimat Fußball gespielt hatten, versammeln sich Max, Louis und August Nebling, L. Dietrich, Philipp Sommerock, Max Leipesberger, H. Lankau, I. Graf, H. Brank, Georg Eisinger, H. Seering und I. Steckmann und gründen den FC Kaiserslautern „zum Zweck der Pflege des Fußballsports". Sofort wird der Spielbetrieb auf dem Sportplatz an der Friedenstraße („Im Ländel") aufgenommen. Zu diesem Zeitpunkt gibt es in Kaiserslautern bereits die von Turnlehrer Georg Pöppl ins Leben gerufene „Fußballgesellschaft". Pöppls Vorschlag eines Zusammenschlusses findet großen Beifall und wird alsbald vollzogen. Der neue Verein heißt „Fußballclub Kaiserslautern 1900". Er hat 22 Mitglieder. Zum 1. Vorsitzenden wird Louis Lotz gewählt. Die Vereinsfarben sind schwarz-rot.

volle Weise. Hamburg, Mai 1998: Die Schale glänzt in der Sonne, Fotos in blendender Qualität zeigen das Wunder, das Mannschaft und Trainer vollbracht haben. Als Aufsteiger den Olymp erklommen, Meister geworden. Bayern hinter sich gelassen!

Die nächsten Fotos unterstreichen, wie nah Freud und Leid beieinander liegen. Der Ministerpräsident und der Vereinspräsident trösten sich gegenseitig auf der Tribüne des Leverkusener Haberland-Stadions, das heute großspurig BayArena heißt. Auf dem Spielfeld beugt sich der Physiotherapeut über einen vom Weinkrampf gepackten Spieler. Abstieg! Der erste nach 33 Jahren Bundesliga. Freudentränen und Tränen der Trauer in einem Ordner zusammengefasst, Vereinsgeschichte, was sag ich, Fußballgeschichte zwischen zwei dicke Kartonagen gepresst.

1991 war's ähnlich. Ein Team der Namenlosen wurde Meister. Die Mannschaft hatte in der Vorsaison nur mit Ach und Krach das Klassenziel erreicht, zum Abschluss einer ziemlich verkorksten Saison in Berlin aber den DFB-Pokalsieg errungen, 1996 gelang dem Team das Kunststück, aber eben als Absteiger, noch einmal. Nach Siegen in Berlin kam immer der Aufschwung. Und was in der Hektik immer mal wieder unterzugehen droht: Der FCK war mit zwei Meistertiteln und zwei Pokalerfolgen eines der erfolgreichsten Teams der neunziger Jahre in Deutschland.

Max hat die vielen Fotos nicht gezählt. Hunderte türmen sich vor ihm. Das Stadion mit umgebauter Süd- und Nordtribüne, aber auch mit der alten Westkurve. Schwarzweiß-Aufnahmen zeigen, wie's früher war. In zweiter Reihe standen die Zuschauer auf Stühlen, zusammengenagelte Konstruktionen sollten damals die ersten Tribünen darstellen. Und da gibt es die Aufnahme von den Anfängen draußen im „Ländel", an der Friedenstraße, wo lange danach noch verfallene Grabsteine des alten Friedhofs von der Wirklichkeit jener Zeit zeugten.

Gauliga-Aufstieg, regionale Meisterschaften, Fußball in den Kinderschuhen. Erst später nahm auch die breite Öffentlichkeit Notiz vom Treiben auf dem Betzenberg. Da, ein Foto der Weltmeister. Alle fünf nebeneinander, akkurat gekleidet in einem körperbetont geschnittenen Adidas-Trainingsanzug. 1954. Damals, als Max sich mit über hundert Fußballfans vor dem einzigen Fernseher des Dorfes in einer Gaststätte drängelte. Heute hat Max einen Decoder. Zu Hause ist es gemütlicher. In seinem Alter. Die Zeiten haben sich geändert. Fürwahr. Aber doch nicht alles. Als Max eine alte Ausgabe des Fachmagazins „Kicker" findet, denkt er für sich, dass sich einige Dinge eben doch nie zu ändern scheinen...

Kaiserslautern Ende der vierziger und Anfang der fünfziger Jahre: Fußballfeste wurden zum Ritual. Die „Boygroup" der Nachkriegszeit hieß Walter-Elf.

Gespielt wird in dunkelblauer Hose mit roten Streifen und schwarz-rot geteiltem Trikot.

[1901]

4. März
Eine große Anzahl junger Leute, in ihrer Mehrzahl Absolventen der Kreisrealschule, heben den FC Palatia aus der Taufe. Zum Vorsitzenden wird Fritz Herbach gewählt. Zu den Gründungsmitgliedern zählen u. a. Fritz und Ludwig Barz, Karl und Paul Wünschel und Otto Candidus.

März
Der Fußballclub 1900 bestreitet sein erstes echtes Wettkampfspiel gegen Frankonia Mannheim und unterliegt mit 2:3.

25. März
Die zweite Mitgliederversammlung des FC Palatia beschließt einstimmig strenge Maßnahmen zur Einhaltung der Disziplin: „Nur Krankheit oder Tod" werden künftig als Entschuldigung für das Fehlen beim Training akzeptiert.

Mai
Die Maßnahmen scheinen zu fruchten: Im ersten Lauterer Lokalderby besiegt der FC Palatia den Fußballclub 1900 mit 2:1 und übernimmt damit gleich die fußballerische Vorherrschaft in der Stadt.

Wo die Jungs auftauchten, herrschte Verzückung. Manchmal gar Hysterie. Stars ohne Millionengagen. Schicksal der frühen Geburt. Tausende säumten die Straßen der Innenstadt nach den Titelgewinnen 1951 und 1953. Zumindest diese Tradition hat sich bis zu den Meisterschaften in den Neunzigern gehalten.

Max sortiert die Vereinsgeschichte, dokumentiert 100 Jahre FCK. Seine Erinnerungen, die sich mit dem Klub und dem Berg verbinden, sollen dabei keine Rolle spielen. Doch seine Gedanken umkreise(l)n das Material aus altem und neuem Fotopapier wie einst die Schalker ihre Gegner. Bis ihm die Festschrift zum 50. Geburtstag des 1. FCK in die Hände fällt. Sein Blick bleibt haften, als er das Kapitel von den Anfängen des Klubs sieht. Verwirrt zeigte sich der Schreiber damals von den Entwicklungen. Max lächelt ein bisschen und freut sich, dass es den Chronisten vor 50 Jahren genauso ergangen ist wie ihm heute. Die Zeilen wird er vergrößern, ausschneiden und in seinem Wohnzimmer aufhängen. Und sich einreden, dass manche Dinge sich wirklich niemals ändern:
„Er hatte alle faszinierenden Momente einer der gewaltigen Fußballdemonstrationen unserer heutigen Tage gesehen und ganz selbstverständlich drängte sich unserem alten Fußballpionier der Jahrhundertwende der Vergleich des heutigen Erlebens mit der Zeit seines sportlichen Wirkens auf. War es aus der Perspektive heraus überhaupt möglich, dass der Fußball und der Sport inzwischen eine derartige Wandlung erfahren hatten, oder hatte er jene Zeit dort draußen auf dem kleinen Sandfeld vor den Toren der Stadt nur geträumt? Hatte jene Hecke, die dieses kümmerliche Spielfeld umgab, auch nur in seiner Phantasie bestanden, an deren Dornen er so manchesmal die Hosen zerrissen hatte, oder war die kuriose Tatsache, dass damals der Außenstürmer bei seinem Lauf auf das Tor erst um den in der Ecke des Spielfelds gelegenen Tennisplatz herumkurven musste, um zum krönenden Torschuss zu kommen, auch nur eine Ausgeburt seiner Phantasie? Aber irgendwo muss sich ja noch das Buch mit den Erinnerungen jener Tage befinden."

Dirk Leibfried
gewidmet Heinz Stühn, Fritz Kuby und Hans Sprengard

1900
1910
1920
1930
1940
1950
1960
1970
1980
1990
2000

4. August
Die wohl für alle Zeiten höchste Niederlage bezieht der Fußballclub 1900 gleich am Anfang seiner ruhmreichen Geschichte: Mit sage und schreibe 29:0 erlebt die Mannschaft gegen den Karlsruher FV ein Debakel.

21. August
Wenig erfolgreich verläuft das erste Auswärtsspiel des FC Palatia: Beim Gastspiel gegen FC Viktoria 1897 Mannheim muss die Mannschaft kräftig Lehrgeld zahlen und kommt mit 1:5 unter die Räder.

Herbst
Nachdem die Vereinsmittel der Palatia auf „den ansehnlichen Betrag von Mk. 150 angeschwollen waren", entschließt man sich, die pfälzischen Vereine zur Austragung einer pfälzischen Fußballmeisterschaft einzuladen und zu diesem Zweck einen Ehrenpreis in Form eines Trinkhorns zu stiften. Im Endspiel besiegt die Palatia den Fußballclub 1900 mit 3:2 und kann sich fortan als erstes Team mit dem Titel eines pfälzischen Fußballmeisters schmücken.

November
Unter herzlicher Anteilnahme der anderen hiesigen Vereine begeht der Fußballclub 1900 feierlich das erste Stiftungsfest.

Youri Djorkaeff gilt als einer der spektakulärsten Fußballer des 1. FCK.

Andreas Brehme mit der Meisterschale 1998

Anmerkungen aus historischer Sicht ...

Der mit seinem Gründungsdatum noch ins wilhelminische Kaiserreich und die Pionierzeit des Fußballs zurückreichende 1. FC Kaiserslautern hat in der deutschen Fußballgeschichte fraglos eine herausragende Rolle gespielt. Man denke etwa nur an die Erfolge 1951, 1953, 1991 und 1997/98. Gleichzeitig spiegeln sich in der traditionsreichen Vereinsgeschichte, die längst auch ein wichtiger Bestandteil unserer Landesgeschichte geworden ist, auf exemplarische Weise signifikante Tendenzen in der Entwicklung des Fußballsportes namentlich seit Ende des Zweiten Weltkrieges. Sie betreffen besonders dessen Charakter, allgemeine Akzeptanz und gesellschaftlichen Stellenwert. Erinnert sei zum Beispiel an den unaufhaltsamen Trend vom Amateursport hin zum Show-Business, zur kaum zu zügelnden Kommerzialisierung, zum von den Medien nicht selten hochgepuschten Massenspektakel oder an den Wandel des einstmals eher biederen Provinzclubs zu einem beachtlichen Wirtschaftsunternehmen, Werbe- und Imageträger, der sich inzwischen in einer der modernsten und stimmungsvollsten Fußballarenen der Bundesrepublik präsentiert und zum Identifikationsobjekt einer ganzen Region geworden ist.

Dass sich der Betzenberg zu einer legendären „Kultstätte" entwickelte und urplötzlich eine alle in seinen Bann ziehende Faszination auszustrahlen begann, ist das historische Verdienst Fritz Walters und der wegweisenden Spielkultur der „Walterelf", in der 1948 sage und schreibe noch neun Kaiserslauterer standen! Sie hat Ende der vierziger und Anfang der fünfziger Jahre dem Verein zu einer beispiellosen Popularität verholfen und den Ruf Kaiserslauterns als einer Fußballstadt sui generis begründet. Damals war der Name Fritz Walter zum ersten Mal in aller Munde, zogen die „Lauterer", wie man sie nannte, die Aufmerksamkeit der nationalen und internationalen Sportpresse auf sich und füllten die pfälzischen Ballkünstler überall die Stadien, ganz gleich, ob in Berlin, München oder gar Paris! Unter gänzlich veränderten äußeren Bedingungen hat dann seit Einführung der Bundesliga eine neue Generation versucht, an das große Vorbild der Walterelf anzuknüpfen, wobei insbesondere Spielerpersönlichkeiten wie zum Beispiel Brehme, Briegel, Hellström, Kadlec oder Stefan Kuntz neue Akzente setzten.

Selbstredend hat der 1. FC Kaiserslautern nicht allein denkwürdige Kapitel der Fußballgeschichte geschrieben; er ist darüber hinaus auch in bemerkenswerter Weise mit der Zeitgeschichte verflochten. Dies gilt insbesondere für die unmittelbare Nachkriegszeit und die erste Hälfte der Adenauer-

---

[1902]

17. Juli
Nach internen Querelen spalten sich 14 Mitglieder des FCK 1900 ab und gründen den FC Bavaria 1902. Den Vereinsvorsitz übernimmt Karl Nagel. Die sportlichen Erfolge in den Jahren bis 1904 sind eher bescheiden.

Oktober
Palatia gelingt die Titelverteidigung als pfälzischer Meister mit einem erneuten Sieg über den FCK 1900 (3:0).
Mit dem Beitritt zum Süddeutschen Fußballverband (SFV) hat der Verein eine folgenschwere Entscheidung getroffen: Da kein anderer pfälzischer Club diesem Beispiel folgt und nach den Satzungen des SFV gegen Mitglieder des pfälzischen Verbandes nicht gespielt werden darf, finden sich keine Gegner mehr und der Spielbetrieb erlahmt.

2. November
Der Kassenbericht bei der Generalversammlung des FCK 1900 ergibt einen Bestand von 22,75 Mark, bei Einnahmen von 43,05 Mark und Ausgaben von 20,30 Mark. Den Vereinsvorsitz übernimmt Louis Nebling.

[1903]

Mit einem 22:2-Kantersieg über den FK Pirmasens eröffnet der FCK 1900 die Serie der heißen Nachbarschaftsduelle, die erst mit der Einführung der Bundesliga ein Ende finden sollten. Erstmals gewinnt der FCK 1900 die pfälzische Meisterschaft. Die Mannschaft:

ära. In diesem Zusammenhang drängen sich unter anderem Reminiszenzen auf an das „Fußballwunder von Bern“ 1954, das Endspiel 1953 in Berlin oder das Gastspiel 1956 in Leipzig.

Der Gewinn der Weltmeisterschaft, der zeitlich ins beginnende „Wirtschaftswunder“ fiel, gilt heute unbestritten als Epochenereignis, das das Lebensgefühl der Zeitgenossen elementar berührte und eine kaum mehr vorstellbare nationale Euphorie auslöste. Sie gab, wie man gesagt hat, „den Deutschen ihre nationale Identität zurück“. In der Berner Elf, deren Namen im kollektiven Gedächtnis der Nation zutiefst verankert sind und an die heute zum Beispiel auch im Bonner Haus der Geschichte erinnert wird, standen allein fünf Kaiserslauterer. Ihr Ruhm übertrug sich naturgemäß auf den gesamten Verein, und an ihrem unerwarteten Triumph partizipierte verständlicherweise zuallererst die ganze Pfalz. Dies alles wirkt bis in unsere unmittelbare Gegenwart nach.

Mehr um die jeweilige politische Lage während der deutschen Teilung sowie die Auswirkungen des Ost-West-Konflikts ging es dagegen 1953 und 1956. So fand das Endspiel um die deutsche Meisterschaft gegen den VfB Stuttgart im Berliner Olympiastadion kurz nach dem Volksaufstand am 17. Juni statt. In jenen Tagen dominierten sowjetische Panzer auf den Ostberliner Straßen, und es herrschte dort der Ausnahmezustand. Zahlreiche FCK-Anhänger zögerten angesichts des „politischen Hexenkessels“ im Ostsektor, nach Berlin zu fahren, was auch nur mit einem entsprechenden „Interzonenpass“ möglich war. Im Stadion selbst, wo man auch der Opfer der Volkserhebung gedachte, blieb so mancher den Fußballfreunden aus dem Osten reservierte Platz leer.

Aktueller Zeitbezug wird auch transparent in der spektakulären Begegnung der Lauterer mit dem „DDR-Landesmeister“ Wismut Aue im Leipziger Zentralstadion am 6. Oktober 1956. Das etwa zwei Wochen vor dem ungarischen Volksaufstand stattfindende Spiel war von der DDR-Führung bewusst als „internationales“ Treffen deklariert worden. In der überfüllten Arena wurden die Pfälzer mit spontanen Ovationen bedacht. Diese demonstrativen Sympathiekundgebungen waren, wie wir auch von Zeitzeugen wissen, zu einem gut Teil politisch motiviert.

Ein bezeichnendes Schlaglicht auf den stets prekären „innerdeutschen Sportverkehr“ warf auch das Spiel gegen Dynamo Ost-Berlin am 20. März 1979 in Kaiserslautern. Hier waren während ihres Besuches die Spieler des DDR-Meisters von ihren Funktionären derart „perfekt abgeschirmt“, dass man kaum „länger als eine Minute“ frei mit ihnen „reden konnte“. Die Begegnung endete insofern mit

1900
1910
1920
1930
1940
1950
1960
1970
1980
1990
2000

Eisele, Max Nebling, K. Diez, Kaufmann, Rausch, Vollmer, Krämer, Ehresmann, Nästle, A. Nebling, Mick.
Palatia kehrt in den pfälzischen Verband zurück, nachdem in diesem Jahr kaum ein Spiel zustande kam.

[1904] Der FC Palatia richtet im Auftrag des Pfälzischen Verbands für Bewegungsspiele auf dem Sportplatz Eselsfürth die ersten sogenannten „Olympischen Spiele der Pfalz“ aus. Damit hält die Leichtathletik Einzug in Kaiserslautern.

[1905] Alle pfälzischen Vereine schließen sich dem SFV an.
Ende des Jahres feiert der FCK 1900 sein 5. Stiftungsfest. Der FC Palatia pachtet das Gelände innerhalb der Radrennbahn auf der Eselsfürth und richtet dort ein Spielfeld her. Damit ist Palatia der erste Kaiserslauterer Verein mit eigenem Sportplatz.

einem politischen Eklat, als der Ostberliner Lutz Eigendorf den kurzen Aufenthalt im Westen zur „Flucht in die BRD“ nutzte und sich dem 1. FC Kaiserslautern anschloss.

Die rapide wachsende gesellschaftliche Bedeutung des Fußballs, der Bundesligaboom, die zusehends allgegenwärtig werdende TV-Präsenz und nicht zuletzt die aus den sportlichen Erfolgen resultierende nachhaltige Popularität der Mannschaft hat schließlich bewirkt, dass sich hierzulande die politisch Verantwortlichen mit dem 1. FCK, dem man 1998 auch eine Sonderbriefmarke widmete, immer stärker identifizierten. Das äußerte sich beispielsweise in der häufigen Anwesenheit der Politprominenz im Stadion oder bei Staatsakt ähnlichen Empfängen und bei Ordensverleihungen für bestimmte Spieler durch die höchsten politischen Würdenträger der Republik. Von diesen Ehrungen hat zu Recht Fritz Walter, die „Symbolfigur“ vom Betzenberg, am meisten profitiert.

Freilich dient diese Zuwendung seitens der politischen Repräsentanten gewiss auch deren eigener Publicity. Wie gut sich Fußball politisch instrumentalisieren lässt, hatte schon 1965 Bundeskanzler Ludwig Erhard erkannt, als er für eine große Wahlkundgebung der CDU in der Fruchthalle persönlich drei Spitzenspieler der berühmten Walterelf einlud. Fritz Walter, mittlerweile ebenfalls bereits eine „Figur der Zeitgeschichte“, durfte bei dieser Veranstaltung in der ersten Reihe zur Rechten des charismatischen Vaters des „deutschen Wirtschaftswunders“ sitzen.

Zwanzig Jahre später wurde dem Lauterer Fußballidol dann an der gleichen Stätte die Ehrenbürgerschaft seiner Vaterstadt verliehen, in der er 1920 zur Welt kam. Das war im übrigen genau jenes Jahr, in dem zum ersten Mal auf dem gerade neu geschaffenen Platz auf dem Betzenberg Fußballspiele ausgetragen wurden.

Erich Schneider

(Vom Verfasser dieses Beitrages stammt auch eine Studie, die sich mit dem Presseecho auf den 75. Geburtstag Fritz Walters befasst. Vgl. Jahrbuch zur Geschichte von Stadt und Landkreis Kaiserslautern Bd. 32/33-1994/95, S. 439-461)

[1906] Im Herbst gibt es erste Bestrebungen für einen Zusammenschluss von Bavaria 1902 und FCK 1900, die aber zu keinem Ergebnis führen.

[1907] Auch der FCK 1900 bemüht sich jetzt um eine eigene Spielstätte. Er pachtet das Gelände unterhalb des Steinbruches beim Waldschlößchen. Mit gewaltigem Aufwand und riesigem Engagement der Mitglieder wird der Platz in Eigenarbeit angelegt.

Der FC Palatia organisiert die zweiten „Nationalen Olympischen Spiele“. Bis 1914 wird dieses Leichtathletiksportfest jährlich in Kaiserslautern ausgetragen.

Fußball-Verein Kaiserslautern
E. V.
Mitglied des Verbandes süddeutscher Fußball-Vereine und des deutschen Fußball-Bundes, sowie des Verbandes südwestdeutscher Athletik-Vereine
Eigener bequem zu erreichender Sportplatz mit großer gedeckter Zuschauer-Tribüne

Für die Pflege und Vermehrung des Sports kann nicht genug geschehen, um die Jugend und die überschüssige Kraft der Jugend auf ein Gebiet zu lenken, wo sie der Stärkung von Körper und Geist unmittelbar dient.
v. Bethmann-Hollweg, Reichskanzler.

Programm
zu den
VI. Nationalen
Olympischen Spielen
in Kaiserslautern am 7. Juli 1912
auf dem Sportplatz Eselsfürth.

Ehrenvorsitzender:
Herr Oberbürgermeister Dr. Hans Küfner, Kaiserslautern.

Preis 20 Pfennig.

0-19-1900
(12 Sek. = 1 Gebühreneinheit)
1.
KAISERSLAUTERN

Untröstlich: Thomas Hengen nach dem Abstieg 1996

Die neue Nordtribüne

„Fritz Walter war der Perfekteste von allen“

Die beiden „alten" Weltmeister sitzen im Stadion-Restaurant. Ottmar Walter bestellt sich ein Glas Schweppes, Horst Eckel eine Tasse Kaffee. Sie blicken durch die wandhohen Fenster hinaus in die Arena. Es ist Vormittag, die weiß-roten Ränge sind leer. Die Bundesliga-Spieler trainieren auf einem Nebenplatz.

Mit dem grauen, schmucklosen Gelände, auf dem vor über 50 Jahren die „Roten Ur-Teufel" den Ruhm und die Popularität des 1. FCK begründeten, hat die piekfeine Anlage heute überhaupt keine Ähnlichkeit mehr. Wenn aber zwei wie sie in dieser vertrauten Umgebung beieinander sitzen, dann sprechen sie über einst und jetzt im Fußball, über den „Eff-Ce-Ka" und die Nationalmannschaft. Und immer wieder über Fritz Walter, über ihr Vorbild oder ihrenBruder - für beide der große Kapitän. Der größte von allen!

Verklärender Überschwang? Gewiss nicht - allenfalls schwärmerische Sachlichkeit, die beide mit viel Kenntnis untermauern. Vergleiche mit heutigen Spielern und Mannschaften bleiben da nicht aus. Nein, über das Geld damals und heute verlieren sie kaum ein Wort. Beide kommen aber zur fragenden Feststellung: „Warum sollen die Spieler ablehnen, was ihnen die Vereine bieten. . .?" Von Geld haben sie früher nicht viel gesprochen, jetzt auch nicht: „Wir haben unsere Erinnerungen an unsere Zeit - die sind unbezahlbar." Sie sind zufrieden mit dem, was sie erreicht haben im Leben. Auf der sozialen Sprossenleiter sind beide einige Stufen höher geklettert. Und wie Fritz Walter, so führen beide seit Jahrzehnten auch glückliche Ehen.

Sie regen sich über andere Dinge auf. Beispielsweise über die Auftritte der Nationalmannschaft. „Da fehlt ein Kopf, ein Denker und Lenker!" - so Ottmar Walter. Und Horst Eckel ergänzt: „Einer wie Fritz Walter oder auch Beckenbauer und für kurze Zeit Netzer." Sie nennen Fritz Walter zuerst, wie immer, bei allen Vergleichen. Sie sind sich auch einig darin: „In der Bundesliga fällt der Mangel an Geist und Witz und Technik nicht so auf, weil die ausländischen Spieler das Gesamtbild der deutschen Vereins-Mannschaften deutlich hochhalten. Übrigens auch bei unserem FCK."

Sie begründen, warum Fritz Walter der unerreicht Beste war. Und Ottmar Walter erläutert zugleich seine Sorgfalt bei der lobenden Wertung seines großen Bruders: „Eben weil ich sein Bruder bin! Wenn ich etwas besonders Vorteilhaftes über Fritz äußere, dann wird dies oft als brüderliche Übertreibung falsch ausgelegt. Aber ich hatte tatsächlich bei ihm keine Sonderstellung. Und er war auch für mich

[1908] **28. Januar**
Im Entscheidungsspiel um die Westkreismeisterschaft bezwingt der FCK 1900 den FC Pfalz Ludwigshafen mit 3:2. Die Westkreismeisterschaft berechtigt zur Teilnahme an der Endrunde um die Süddeutsche Meisterschaft.

Als erster Kaiserslauterer Fußballverein wird der „Fußballverein Palatia“ in das Vereinsregister eingetragen.

Gegen Ende des Jahres lebt die Diskussion um eine Fusion zwischen FCK 1900 und Palatia wieder auf. Besonders der Palatia-Vorsitzende Karl Wünschel setzt sich vehement für den Zusammenschluss ein.

[1909] **1. März**
Die drei führenden Vereine der Stadt, der FCK 1900, der FC Palatia und der FC Bavaria, schließen sich zum „Fußballverein Kaiserslautern“ zusammen. Die Gründungsversammlung findet in der Hauswirtschaft Orth statt. Erster Vorsitzender wird Karl Wünschel (vormals Palatia), zweiter Vorsitzender K. Nagel (vormals Bavaria) und Spielführer A. Nebling (vormals FCK 1900). Noch im März erfolgt die Eintragung in das Vereinsregister. Die Verbandsspiele werden künftig alle auf der Eselsfürth ausgetragen.

Horst Eckel (links) und Ottmar Walter:
„Der Nationalmannschaft fehlt heute ein Denker und Lenker."

das große Vorbild. Er riss mich ebenso mit wie die andern."

Horst Eckel nennt da weniger gehemmt die Vorzüge Fritz Walters, der in der Pfalz schon der „Kaiser" war, noch ehe auch die Bayern einen krönten: „Kein anderer Fußballer der Weltklasse stellte, ohne selbst glänzen zu wollen, seine großen Fähigkeiten so absolut in den Dienst der Mannschaft wie er. Er spielte n u r für die Mannschaft! Nie für sich! Er war kein Einzeldarsteller, wie es sie heute gibt... Ich will keine Namen nennen. Auf der anderen Seite kämpften wir aber auch für den Fritz, wenn er einmal einen schwächeren Tag hatte. Oder wenn ihm die Gegner einen besonders harten Manndecker zuteilten - etwa Adlfinger bei Tura Ludwigshafen, Steger beim VfL Neustadt und vor allem Philippi beim 1. FC Saarbrücken. Die drei waren richtig giftig!"

Dieses Verständnis innerhalb der FCK-Elf bildete auch die Grundlage für die im Aufbau befindliche Nationalmannschaft: „Sepp Herberger erkannte im 1. FCK die am modernsten spielende Vereinsmannschaft", erzählen Ottmar Walter und Horst Eckel. „Der Chef entschied sich für dieses System."
Wann immer sie von Herberger reden, dann sprechen die ehemaligen Nationalspieler, auch Fritz Walter, noch immer respektvoll vom „Chef".
Für das vom FCK so erfolgreich kreierte System brauchte der Bundestrainer zunächst einmal Fritz Walter, dann einige Spieler, die Klasse besaßen und auf Fritz Walters Art des Fußballs eingingen, im Volksmund „Korsettstangen" geheißen. Dies waren zunächst Ottmar und Kohlmeyer, dann Liebrich und Eckel. Dazu kam als feste Größe der Nürnberger Max Morlock. Fünf Lauterer und der Nürnberger - das Gerippe der 54er-Sensations-Weltmeister

[1910/11] Durch die Fusion gestärkt und gefestigt steuert der FVK sofort auf Meisterkurs. Erst durch eine 2:0-Niederlage im Entscheidungsspiel gegen den punktgleichen FC Phönix Mannheim wird er im letzten Moment abgefangen.

[1913] **19. September**
Die Generalversammlung des Sportvereins 1910 beschließt den Übergang in den FVK als Hockey-Abteilung. Der Sportverein 1910 hatte das Hockeyspiel 1912 in Kaiserslautern eingeführt und zwar zunächst als Wintertraining für die Leichtathleten. Am 27. Dezember 1912 sah Kaiserslautern das erste Hockeyspiel. Das erste Wettkampfspiel fand am 20. April 1913 in Worms gegen den dortigen Hockey- und Tennisklub statt.

[1914] **Vor dem Kriegsausbruch**
tritt der FVK in einer Serie von Privatspielen gegen renommierte ausländische Gegner an. Eine Niederlage gibt es lediglich gegen die englischen Profis von Queens Park Rangers London mit 0:1, wobei ein Eigentor die Entscheidung bringt. Dabei soll der Lauterer Spieler Georg Bossung die Engländer so beeindruckt haben, dass sie ihm ein Profiangebot machen.

Fritz Walter

stand! „Drumherum" platzierten sich Spieler, die am besten in das „FCK-System" und menschlich zu den anderen passten. Sie besaßen den so berühmt gewordenen „Geist von Spiez", nach dem viele Spieler und einige Bundestrainer heute noch verzweifelt, aber vergebens Ausschau halten.

Ottmar Walter und Horst Eckel sind sich auch in dieser Rückschau einig: „Ein solcher Geist lässt sich nicht einimpfen oder gar lernen, diese Einstellung muss ein Spieler mitbringen, wenn er für seinen Verein oder die Nationalmannschaft Leistungen zeigen will." Und dann nach einer kleinen Pause: „Für uns war es jedesmal eine Ehre, wenn wir vom Chef die Einladung zu einem Länderspiel erhielten; und wir waren jedesmal stolz, wenn wir das Nationaltrikot tragen durften!"

Als Horst Eckel, damals 18-jährig, von Vogelbach zum 1. FCK kam, war Ottmar schon ein „gestandener Fußballer". Im Krieg spielte der jüngere Bruder von Fritz als Matrose bei Holstein Kiel. Mit dieser Mannschaft kam er in der Deutschen Meisterschaft 1943 weiter als jemals zuvor der 1. FCK: Kiel gewann durch einen 4:1-Erfolg über Vienna Wien sogar das Spiel um den dritten Platz! Und der 19-jährige Ottmar erhielt von Sepp Herberger die erste Einladung zu einem DFB-Lehrgang in Breslau; dort traf er seinen Bruder Fritz. Das erste Länderspiel aber musste der „Ottes" auf lange Zeit verschieben - wegen des Krieges wurden zunächst alle Länderspiele abgesagt. Erst sieben Jahre später, im November 1950 in Stuttgart, trug er dann das Nationaltrikot: Im ersten Nachkriegsländerspiel gegen die Schweiz. Es war Ottmars erstes - und zugleich sein schwerstes.
Fritz Walter war damals verletzt und die Presse forderte anstelle Ottmars den Fürther Mittelstürmer Schade. Sepp Herberger aber entschied: „Ottmar Walter, Sie spiele! Sie sind mein Mann!" Am Tag nach diesem Ereignis bestätigten alle Zeitungen dem Lauterer eine brillante Leistung: Er war nicht mehr länger nur neben Bruder Fritz ein sehr guter Spieler!

Bei seinem Eintritt in den 1. FCK hat sich Horst Eckel seine spätere Laufbahn nicht einmal im Traum vorstellen können. Wenige Jahre nach dem Krieg lernte der junge Bub aus Vogelbach den Betzenberg zunächst als „sparsamer" Zuschauer kennen: „Wir hatten nicht viel Geld. Mit dem Rad bin ich die 30 Kilometer gefahren. Durch ein Loch im Zaun schlüpfte ich in den Platz und stellte mich immer in die Nähe der Eckballfahne, denn dort musste Fritz Walter die Eckbälle treten. Da war ich ihm am nächsten, er war damals schon mein Idol!"

Der junge Horst war schmal und in der Jugendmannschaft „daheim" in Vogelbach immer auch der Kleinste. „Erst mit 16, 17 wurde ich länger, aber nie

Weitere Ergebnisse:

FVK	-	V.O.C. Rotterdam	3:2
FVK	-	Old Boys Basel	4:4
FVK	-	FC Basel	4:2
FVK	-	Club des Sports athl. Paris	13:0

Queens Park Rangers London mit Gastgebern

1. Juli
Erstmals erscheint eine Vereinszeitschrift des führenden Lauterer Fußballvereins mit dem Titel „Halbmonatsschrift des FVK e.V." Auf wie viele Ausgaben es das neue Vereinsorgan in Anbetracht des bevorstehenden Weltkriegs gebracht hat, ist nicht bekannt.

Nach 1914
Nach Kriegsausbruch kommt der Spielbetrieb bald völlig zum Erliegen, da fast alle Aktiven einberufen werden.

Horst Eckel: „Schon als Kind war Fritz Walter mein Idol."

breiter". Das schmale Kerlchen spielte Mittelstürmer und ballerte in jeder Runde um die 50 bis 60 Tore. Horst Eckel erinnert sich: „Einmal spielten wir auf dem Nebenplatz des Betze gegen die FCK-Jugend - eine Klassemannschaft. Wir hatten keine Chance. Aber einer schien Gefallen an mir gefunden zu haben. Der damalige FCK-Trainer Kuno Krügel beobachtete mich, ohne dass ich es bemerkte. Und dann kam er zu mir und sagte ganz einfach: 'Morgen will ich deinen Pass haben.'"

„So kam ich zum 1. FCK - ich war aus dem Häuschen! Bis zum ersten Spiel im FCK-Dress. Da gelang mir überhaupt nichts. Und draußen riefen die Zuschauer: 'Ach Gott - schickt des verhungert Kerlche widder hääm!' Es war schlimm! Aber Kuno Krügel und auch der von mir so ehrfürchtig bestaunte Fritz Walter entschieden: 'Du bleibst bei uns.' Ich blieb."

Was Horst Eckel nicht wusste: In Ludwigshafen bereitete damals der Südwestdeutsche Fußball-Verband ein Spiel vor - „Südwest gegen Preston Northend", das erste Spiel gegen eine englische Mannschaft im Südwestraum. Das Hauptkontingent der Südwestauswahl bestand aus FCK-Spielern. Fritz Walter war zuvor zweimal in Ludwigshafen; und da berichtete er in kleiner Runde von einem „blutjungen, schlaksigen Kerl, der einmal ein ganz Starker wird". Dieser eckige Bursche erlebte - völlig überraschend auch für ihn - ausgerechnet gegen Preston Northend seine internationale Feuertaufe.

Der Superstar bei Preston hieß Tom Finney, der in Englands Nationalteam zusammen mit dem vor

1900
1910
1920
1930
1940
1950
1960
1970
1980
1990
2000

[1915] Das Pachtverhältnis mit der Eisenbahnverwaltung für das Gelände am Waldschlößchen wird gekündigt, da keine Einnahmen mehr zur Verfügung stehen. Der Verein steht wieder ohne eigenen Sportplatz da.

[1916] Kriegsbedingt ist jetzt keinerlei Vereinstätigkeit mehr möglich, nachdem noch 1915 versucht worden war, mit Urlaubern einen notdürftigen Spielbetrieb zu organisieren.

[1917] **11. Mai**
Erstmals kann wieder ein Fußballspiel stattfinden. Der FVK schlägt in einem Lokalderby die „Spielvereinigung" sicher mit 5:2. Inzwischen führt Otto Candidus den Verein.

[1917/18] Erstmals kann wieder eine Verbandsspielserie ausgetragen werden. Allerdings sind die Bedingungen immer noch alles andere als normal. So steht beim Spiel des FVK in Ludwigshafen nur der Lauterer Torwart auf dem Platz. Die restliche Mannschaft ist auf dem Weg zum Bahnhof von einem Fliegeralarm überrascht worden und hat in einem Keller Schutz gesucht. Das Spiel wird kampflos für FC 03 Ludwigshafen gewertet.

Der härteste Gegner

Werner Liebrich, der Weltstopper der „Roten Teufel“, bekannt für seine Härte gegen sich selbst und gegen die gegnerischen Stürmer, wurde einmal gefragt, wer denn jemals sein schwerster Gegner gewesen sei. Er lieferte eine überraschende Antwort ab. Er nannte nicht etwa Rik Coppens, den Belgier, der gegen die Nationalelf (und Liebrich) drei Treffer erzielt hatte, oder Hans Pöschl, den fuchsschlauen Nürnberger Mittelstürmer. Nein! Er nannte: „Horst Eckel - im Training!“ Warum: „Der hat überall spitze Knie!“

einigen Wochen verstorbenen Sir Stanley Matthews eine bis heute unerreichte Flügelzange bildete. Dieser Finney wirbelte in der ersten Halbzeit den späteren Lauterer Weltmeister Werner Kohlmeyer völlig durcheinander. Übrigens: Kohlmeyer, sonst ein Klasse-Verteidiger, sah merkwürdigerweise gegen britische Gegenspieler immer „sehr alt" aus. Auch Matthews „vernaschte" Kohlmeyer später einmal in einem Länderspiel.

Wie auch immer: Bei dem Spiel in Ludwigshafen hieß es bei Halbzeit 0:2 und beide Tore hatte Finney erzielt. Südwest-Kapitän Fritz Walter handelte aus dem Bauch heraus: Er beorderte den völlig unbekannten Horst Eckel auf die Verteidigerposition, Werner Kohlmeyer in die Läuferreihe (heute vielleicht defensives Mittelfeld) und schickte dafür einen anderen auf die Bank. Aus- und Einwechslungen waren damals freilich nur in Freundschaftsspielen erlaubt - und auch nur dann, wenn beide Parteien sich zuvor geeinigt hatten.

Der Erfolg des Austauschs war verblüffend: Finney sah gegen den jungen Eckel keinen Ball mehr und Werner Kohlmeyer erzielte beide Tore zum 2:2 - mit einem Freistoß und einem direkt verwandelten Eckball.

Mit der Erinnerung an dieses Spiel gelangen die beiden alten Freunde wieder zurück zu einem aktuellen Thema: Freistöße. Und sie ereifern sich: „Wenn heute einer den Ball über die Mauer oder an der Mauer vorbei ins Tor zirkelt, dann ist er gleich ein Kunstschütze. Jetzt soll keiner kommen und behaupten, heute sei es schwerer, einen Freistoß zu treten als früher. Der Ball war früher schon so rund wie heute, er flog genauso schnell und die Mauer baute sich damals so auf wie heute noch. Nur: Freistöße, wie sie heute bewundert und bestaunt werden, die haben wir damals auch schon reingemacht."

Horst Eckel erinnert sich auch, wer und wie: „Die Baas (Werner Baßler, d. Red.) und der Ottes mit ihrer Schusshärte, vor allem aber Fritz Walter mit seinen rechts oder links (!) raffiniert angeschnittenen Bällen, die sich um die Mauer herum drehten

[1918] Trotz widriger Umstände erkämpft der FVK letztlich im Entscheidungsspiel gegen den FV Frankenthal die (Kriegs-)Pfalzmeisterschaft.

Kriegsende
Traurige Bilanz: Mehrere hundert junge Männer aus den Reihen des FVK hatten in den Krieg ziehen müssen. 72 von ihnen verloren dabei ihr Leben.

[1919] Die Platzfrage wird zum akuten Problem, nachdem das Pachtverhältnis auf der Eselsfürth abgelaufen ist. Es wird entschieden, auf dem Betzenberg eine Sportanlage zu errichten. Das Gelände wird teilweise gekauft, teilweise zunächst gepachtet und anschließend nach Plänen von Cornel Mildenberger unter tatkräftiger Mithilfe der Vereinsmitglieder ein Sandplatz angelegt. Zur Finanzierung werden Schuldscheine ausgegeben, die ab Januar 1920 mit 5% verzinst werden sollen. An der Südseite des Spielfelds entstehen Zuschauerränge, eine kleine Holztribüne und sogar Umkleide- und Geräteräume.

oder hinter der Mauer ins Tor senkten. Das war in der alten FCK-Mannschaft selbstverständlich. Da gab es nach einem solchen Tor auch keine so großen Jubelarien wie heute."

Was beide nicht erwähnen: Hinter diesen „Selbstverständlichkeiten" verbarg sich ein zähes, oft stundenlanges Sondertraining. Da übten sie nur Freistöße in allen Variationen, direkte und indirekte. Und sie übten ebenso Eckbälle: „Aber die trat zumeist nur Fritz Walter, auch in der Nationalelf. Und mit einem Kopfnicken zeigte er an, ob sie kurz oder lang kommen würden. Und so liefen sie dann auch in Stellung - Ottmar meist am kurzen Pfosten, einer der Langen am hinteren. So hielten sie es übrigens auch in der Nationalelf - am hinteren Pfosten lauerte der sprunggewaltige Nürnberger Morlock. Oder aber der Ball wurde dort nach unten gedrückt, wenn Helmut Rahn mitspielte. Der machte es dann mit den Beinen", erinnert sich Horst Eckel - und der „Ottes" nickt schmunzelnd dazu. Es ist keine Überheblichkeit, wenn die beiden über die heutigen Freistöße und Eckbälle lächeln; den „ruhenden Ball" sozusagen mit Überlegung und auch ein bisschen Raffinesse wieder ins Spiel zu bringen, das gehörte schon vor 50 Jahren zu den Spezialitäten der Meister und Weltmeister von damals.

Im Grunde amüsieren sie sich ebenfalls über den heute ach so arg strapazierten Doppelpass: „Auch der war bei uns schon modern und selbstverständlich!", lachen beide vergnügt. „Der Fritz hat mit uns so lange trainiert, bis wir wussten, wohin der andere sich bewegt. Und dahin wurde der Ball sofort weitergeleitet. Und außerdem war wichtig: Es ging immer in Richtung gegnerisches Tor, nach der einfachen geometrischen Formel, dass die kürzeste Verbindung zwischen zwei Punkten die Gerade ist." Zu den vielen Herbergerschen Aussprüchen gehörte auch jener, wonach „der einfachste Fußball auch der genialste" ist.

Der Mann wusste viel! Und die Lauterer Spieler haben diese Sprüche verinnerlicht!
Gewiss, auch heute treten die Nachfahren der 54er-Weltmeister und der „Walter-Elf" Eckbälle und Freistöße und trainieren den Doppelpass. Nur: Heute sind echte Profis am Werk! Da ist es nur normal, dass sie ihre Arbeit verfeinern. Sie haben genug Zeit dafür. Vor 50 Jahren jedoch hatten sie alle noch einen bürgerlichen Beruf, ganztätig: Der Werner Liebrich beispielsweise war Postbeamter, der Werner Kohlmeyer jahrelang ein absolut zuverlässiger kaufmännischer Angestellter (bis seine Tragödie begann, als er falschen Freunden in die Hände fiel), Werner Baßler und der Ernst Liebrich

---

1900 1910 1920 1930 1940 1950 1960 1970 1980 1990 2000

August
Die „Tennisgesellschaft" schließt sich dem FVK an, weil beim Neubau der Sportanlage auf dem Betzenberg auch einige Tennisplätze angelegt werden.

November
Die FVK-Mitglieder Julius Jung, Georg Raab und Ludwig Werle gründen die Boxabteilung des Vereins und etablieren damit den Boxsport in Kaiserslautern.

[1920]

13. Mai
Eröffnung des Sportplatzes Betzenberg mit einem Spiel gegen den FC Pfalz Ludwigshafen, den aktuellen Rheinkreismeister. Die Eintrittspreise betragen für den erhöhten Stehplatz 3 Mark, für den einfachen Stehplatz 2 Mark und für Schüler 1 Mark. Das Spiel geht zwar mit 0:2 verloren, aber das große Ziel einer eigenen Sportanlage ist erreicht.

Juni
Die FCK-Hockeyer gründen eine Damenabteilung.

20. Juni
Einweihung der Tennisplätze auf dem Betzenberg.

[1921]

Frühjahr
Auf Betreiben von Hugo Hoffmann gründet der FVK eine Handballabteilung und führt damit das Handballspiel in Kaiserslautern ein. Bald können zwei Mannschaften gestellt werden.

arbeiteten bei „s'Pfaffe", der Willi Hölz und der Willi Wenzel bastelten am Aufbau eines eigenen Geschäfts.

Das Training unter diesen Voraussetzungen verlangte - da können die Profis heute sagen, was sie wollen - sehr viel mehr an Zähigkeit und Willen. Zumal das Übungsprogramm keinewegs wie heute von einer kleinen Heerschar von Hilfs- und Cheftrainern, von Masseuren, Therapeuten und Medizinern aller Art begleitet war. Ebenso konnte sich damals keiner die jetzige Superausstattung der Umkleideräume bis hin zum Entmüdungsbecken überhaupt vorstellen. So etwas gab's nicht. Dennoch haben damals die „Roten Teufel“ unter schwierigeren Bedingungen schon erreicht, was heute unter weitaus besseren Voraussetzungen als Besonderheit gilt.

Und schon sind sie wieder bei Fritz Walter und beim Vergleich mit den heutigen Spielgestaltern, mit den Regisseuren einer Mannschaft. Horst Eckel macht sich zum Sprecher: „Ich bleibe dabei - Fritz Walter ist der Perfekteste von allen! Das belegt sogar eine Zahl, eine Statistik: Kein anderer deutscher Halb- oder Mittelfeldspieler hat in seiner Vereinsmannschaft mehr Tore erzielt! Auch in der Nationalelf liegen nur sogenannte „Spitzen“ vor ihm, also absolute Torjäger wie etwa Gerd Müller, Uwe Seeler, Rummenigge oder Völler. Außerdem: Bei der WM 54 in der Schweiz war Fritz Walter schon fast 34, in Schweden sogar fast 38. Was ist der damals noch weite Wege gegangen, wie viele Zweikämpfe hat er mit seiner Geschicklichkeit auch im Abwehrbereich gewonnen. Und dennoch hat er unser Spiel gestaltet. Und wie! Als Halbstürmer bleibt Fritz Walter einfach unerreicht.“ Diesen Schlusssatz lassen sie stehen. Es gibt nichts Besseres mehr zu sagen!

Heinrich Breyer
(Ehemaliger Sportchef der Tageszeitung „Die Rheinpfalz“ und ständiger Wegbegleiter des 1. FCK)

Mit dem Ungarn Franz Konya wird erstmals in der Vereinsgeschichte ein Trainer eingestellt, nachdem man nach dem Krieg in sportlicher Hinsicht nicht an die früheren Erfolge hatte anknüpfen können. Konya bleibt bis 1923 im Amt, der erhoffte Effekt stellt sich nicht ein.

[1923] Der FVK-Boxer Ludwig Werle wird „Gaumeister aller Klassen“.

[1924] **13. Februar**
Der FVK hat gerade die härtesten Kämpfe in der Meisterschaftsrunde der Kreisliga erfolgreich bestanden und ist auf Titelkurs, als die französischen Besatzungsbehörden die Auflösung der hiesigen Sportvereine verfügen. Das Verbot hat fast fünf Monate Bestand. In den noch ausstehenden Verbandsspielen verteidigt der FVK die vorher erreichte Spitze und wird Kreismeister. Er darf damit zwar an den Aufstiegsspielen zur Bezirksliga teilnehmen, kann sich aber nicht durchsetzen.

September
Bestrebungen für eine Fusion zwischen dem FVK und dem inzwischen erstarkten Lokalrivalen VfR scheitern am Votum der VfR-Mitglieder, die sich mit 75 % der Stimmen dagegen aussprechen, während umgekehrt drei Viertel der FVK-Mitglieder dafür stimmen.

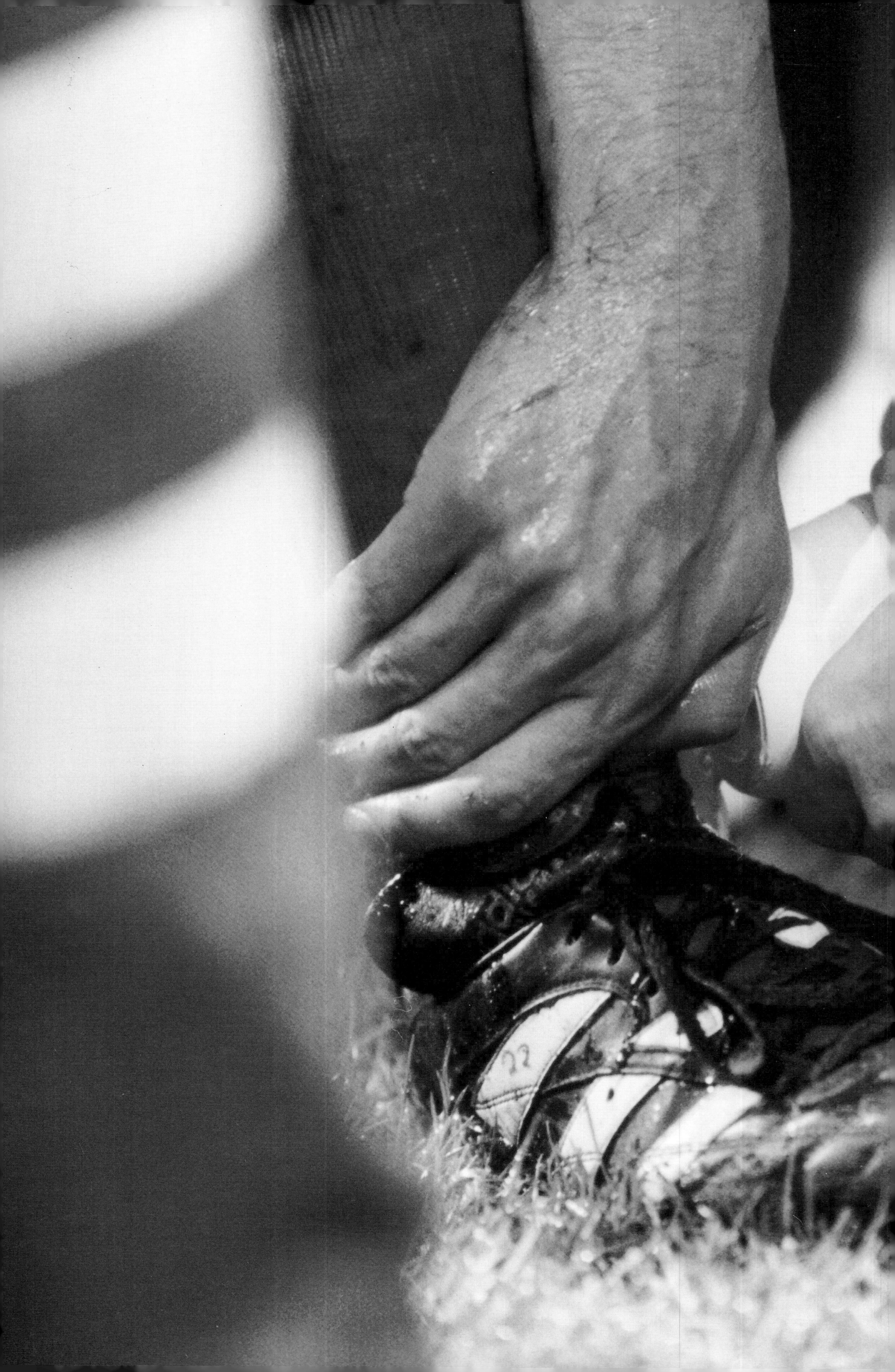

3M

Liebster Fritz!

Ein Brief nach Alsenborn - aus gegebenem Anlass

PETER ZÄNGRY

Erinnerungen

[1927] Mit 17 Jahren spielte ich bereits in der 1. Mannschaft in Mehlingen. Ich erinnere mich an einen Sonntag, als ich nacheinander in der 1. Jugend, in der 2. Mannschaft und danach in der 1. Mannschaft gespielt habe. Beim 5:0 gegen Winnweiler habe ich alle fünf Tore geschossen. Trotzdem hatte mir meine Mutter damals das Fußballspielen verboten, weil sie Angst hatte, dass die Schule darunter leidet. Im Aushang mit der Mannschaftsaufstellung stand auf meiner Position immer ein Fragezeichen. Nachdem aber dann in der Zeitung mein Name stand, weil ich wieder getroffen hatte, gab es zu Hause mächtig Ärger.

Vorsicht, Leser, dies wird ein Beitrag zum Heulen! Denn er, Fritz, war die erste Liebe unseres Lebens - nach Vater, Mutter, Bruder, versteht sich. Und wenn das Leben nicht wieder foul spielt, dann wird die erste Liebe auch die letzte sein.

Unsere Liebe zu Fritz geht jetzt schon vierzig Jahre - und daß Fritz heute klar über siebzig ist, stört uns nicht im geringsten. Als alles anfing, kurz nach dem Krieg, war alles natürlich am schönsten. Jeden Schritt, jeden Fußtritt von Fritz verfolgten wir (am Radio hockend) mit Herzklopfen. Als wir Fritz zum erstenmal leibhaftig sahen (Stadion am Zoo, Wuppertal, der 1. FC Kaiserslautern siegte 14:1 oder 16:0), starrten wir ihn an wie einen Heiligen. Als Fritz Weltmeister wurde, stand Deutschland kopf - und wir mit ihm. Als Fritz Schriftsteller wurde, lasen wir seine Schriften („3:2" und „Spiele, die ich nie vergesse") so oft, bis wir sie auswendig konnten - was uns späterhin allenfalls noch bei den Schriften von P. Handke gelang.

Nie haben wir Fritz vergessen. Und so waren wir restlos glücklich, als er am vergangenen Samstag wieder mit Macht in unser Leben trat. Fritz lachte, Fritz küsste, Fritz weinte. Denn der Verein von Fritz, der 1. Fußballclub aus Kaiserslautern, war endlich wieder Deutscher Meister geworden - zum erstenmal seit den Tagen von Fritz.

Schon am Morgen des Endspieltages hatte uns ein aufwühlender Zeitungsbericht an Fritz erinnert. Das Endspiel in Köln, lasen wir, wollte Fritz sich nicht zumuten. „Ich kann das nicht, das halten meine Nerven nicht aus." Statt dessen wollte Fritz den Tag in seinem schönen Eigenheim in Alsenborn verbringen. „Ich werde ums Haus laufen, dann setze

[1925] Ein Teil der Tennisabteilung trennt sich vom FVK und gründet einen eigenen Tennisklub zwecks Schaffung einer neuen Anlage, weil die Plätze auf dem Betzenberg inzwischen schwere Mängel aufweisen.

Die FVK-Handballer gewinnen die Pfalzpokalmeisterschaft.

20. Juni
Mit einem Festbankett in der Fruchthalle beginnen die Feierlichkeiten zum 25-jährigen Jubiläum des FVK. Otto Candidus und Karl Wünschel werden zu Ehrenvorsitzenden ernannt, August Nebling zum Ehrenspielführer.

Die Walter-Brüder mit Mutter

ich mich auf mein Gartenbänkchen und bete für meine Buben." So lange, bis die Terrassentür aufgeht und Frau Italia hoffentlich ruft: „Schätzchen, ja, ja!" Fritz: „Dann werden Freudentränen und Fritz-Walter-Sekt fließen."

Wir müssen an dieser Stelle vielleicht innehalten und unsere jüngeren Leser (und alle jugendfrischen Ignoranten) daran erinnern, wer Fritz Walter ist: die neben Konrad Adenauer bedeutendste Figur der deutschen Nachkriegsgeschichte. Weltmeister. Ehrenspielführer. Mensch.

Fritz Walter war (lange, lange vor F. Beckenbauer) der Beweis dafür, dass deutsche Fußballkunst wirklich Kunst ist (und nicht bloß Schweißausbruch und

21. Juni
Auf dem Betzenberg wird zur Erinnerung an die Toten des Weltkriegs aus den Reihen des FVK ein Denkmal enthüllt, an dem bis heute die jährliche Totenehrung stattfindet.

[1926] Ein Jahr nach dem Jubiläum leistet sich der Verein endlich einen Rasenplatz.

[1927] Der FVK gewinnt die Bezirkspokalmeisterschaft und kann nach vielen mageren Jahren endlich einmal wieder einen sportlichen Erfolg verbuchen.

[1928] Die Boxabteilung wird wegen mangelndem Interesse aufgelöst.

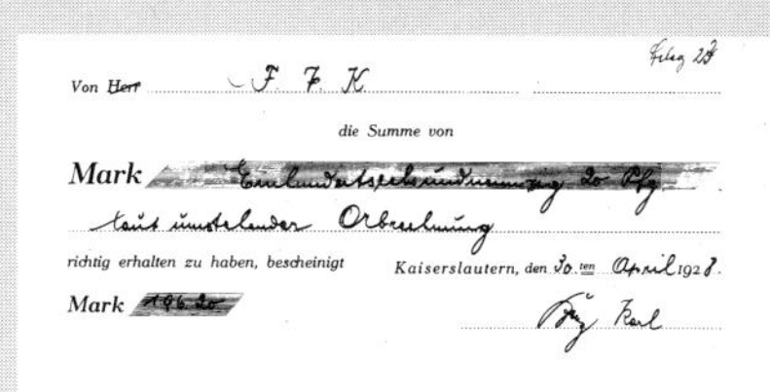

Von Herrn F. F. K.
die Summe von
Mark
richtig erhalten zu haben, bescheinigt Kaiserslautern, den
Mark

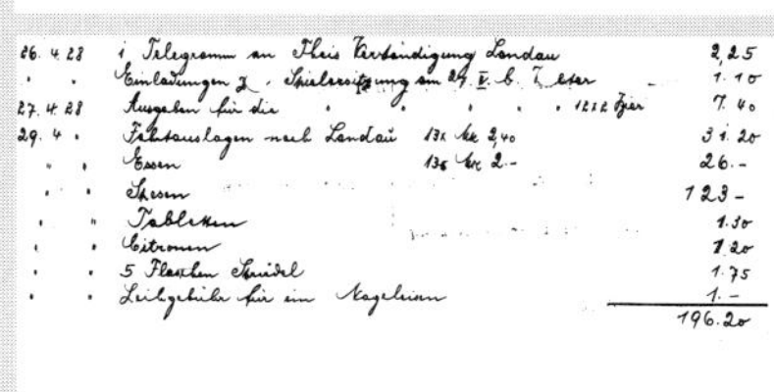

Spielabrechnung

[1929] **28. Mai**
Nach besonderem Einsatz des FVK - Vorsitzenden Rudolf Bang gelingt die Vereinigung mit dem Fußballklub Phönix Kaiserslautern.

Während der Weltmeisterschaft 1958 in Schweden besuchte Heinz Rühmann, damals einer der beliebtesten deutschen Schauspieler, die Nationalmannschaft (links Helmut Rahn, rechts Fritz Walter).

Beinarbeit). Fritz Walter (den sie auch den „Hamlet des grünen Rasens" nannten) zeigte, dass die wahre Leichtigkeit in der Kunst nur aus der wahrhaftigen Schwermut kommt. Er spielte niemals bloß „gut" oder gar „mittel" - er war genial oder versagte tragisch. Er war, dies nebenbei, der erste Pfälzer in unserem Leben - und hat uns, das wollen wir nie vergessen, die Pfalz als Heimstatt der Anmut ins Herz gesenkt.

Und als Hamlet den grünen Rasen verlassen hatte, da brachte er es auch noch fertig, in Schönheit zu altern; blieb schlank an Leib und Geist und Seele (woran gewiss die südländische Herzlichkeit und mütterliche Strenge von Frau Italia einen Löwenanteil hatte!).

Kurzum: Als Fritz am letzten Samstag weinte, da begriffen wir wieder, dass es für richtige Männer nur einen wirklichen Grund zum Weinen gibt - wenn es keinen Grund zum Weinen gibt. Wie unnütz sind doch alle Tränen sonst: die Wuttränen am sogenannten Arbeitsplatz genauso wie die Kitschtränen bei der sogenannten Liebe. Nur die

1900
1910
1920
1930
1940
1950
1960
1970
1980
1990
2000

Die neuformierte Mannschaft sichert sich sofort die Hinterpfalzkreismeisterschaft, scheitert aber anschließend erneut in der Aufstiegsrunde. Die Mannschaft hat mit Otto Schwab erstmals seit 1923 wieder einen Trainer.

Peter Zängry erzielte beide Treffer zum 2:1-Sieg gegen Dillingen.

[1930] Endlich gelingt dem FVK/Phönix der Aufstieg in die Bezirksliga. In einem dramatischen Entscheidungsspiel in Neunkirchen gegen Dillingen behalten die Lauterer am Ende mit folgender Mannschaft die Oberhand: Gebhardt-„Schnaz", Jung, Scheidel, Kirchner, Berndt, Gödtel, Sprengard (Prinz), Conrad, Schaub, Zängry, Diehl. Erstmals bereiten die Lauterer ihren Fußballern einen begeisterten Empfang. Mit Gebhardt-„Schnaz" im Tor und dem Stürmer Peter Zängry hat Kaiserslautern seine ersten Fußballer-Idole.

Der FCK-Leichtathlet Hans Koch stellt mit 1,53 m einen deutschen Rekord im Hochsprung aus dem Stand auf.

Tränen aus Freude, nur die Tränen für den Fußball, nur die Tränen von Fritz und für Fritz sind des Weinens wirklich wert. Schätzchen, ja, ja!

Und auch dieser miese, kalte deutsche Sommer kann uns von Stund' an nicht mehr schrecken. Denn was haben wir denn, wenn es so ist, wie es jetzt ist? Wenn es ewig regnet, grieselt, stürmt? Richtig: Das ist genau das in die Fußballgeschichte eingegangene, das längst legendäre „Fritz-Walter-Wetter“.

Dein Wetter, Fritz!

Benjamin Henrichs
(Der Journalist veröffentlichte anlässlich der Deutschen Meisterschaft 1991 diesen Beitrag in der Wochenzeitung „Die Zeit“)

PETER ZÄNGRY

Erinnerungen

1930 Am 1. Mai bin ich zum F.V.K./Phönix gewechselt, um bei den Aufstiegsspielen in die Bezirksliga mitzuspielen. Duschen gab es früher noch nicht, dafür runde Waschschüsseln. Im entscheidenden Spiel gegen Dillingen bei glühender Hitze habe ich beide Tore zum 2:1-Sieg geschossen, wir wurden Hinterpfalzmeister. Danach bekam ich Angebote von Bayern München und FK Pirmasens. Zur damaligen Zeit wurde Sonntagabends im Stadtzentrum die „Volkszeitung“ verteilt. Meine Eltern hatten jetzt nichts mehr gegen Fußball.

Fußballer aus verschiedenen Generationen: Fritz Walter und Franz Beckenbauer

23. November
In der Nacht vom 22. auf den 23. November fegt ein Orkan über die Stadt hinweg. Dabei wird die Südtribüne auf dem Betzenberg vollständig zerstört.

Fritz Walter und Andreas Br

[1931] Die Generalversammlung beschließt einen neuen Vereinsnamen: 1. FC Kaiserslautern. Den Vorsitz übernimmt Dr. Ludwig Müller, Trainer bleibt „Ottel“ Schwab.

Die 1. Handballmannschaft wird Meister in der Saar-Gruppe.

[1932] Im Frühjahr beginnt mit Unterstützung durch den freiwilligen Arbeitsdienst die Umgestaltung des „Sportparks Betzenberg“ (so bezeichnet in einem Artikel der „Pfälzischen Presse“ vom 1./2. Oktober 1932). Ein neuer Rasenplatz wird angelegt. Im Süden und Osten entstehen Stehränge mit Betonstufen und an der Nord-

seite des Spielfelds wird eine Tribüne gebaut. Das Stadion bietet jetzt Platz für 18.000 Zuschauer.

25. September
Mit einem Spiel gegen Pirmasens vor 11.000 Zuschauern wird die neue Anlage eingeweiht.

26. Dezember
Als Teilnehmer an der Endrunde um die Süddeutsche Meisterschaft unterliegt der 1. FCK beim Deut-

Vom „großen“ und „kleinen Fahrer“

Die Brüder Fritz und Ottmar Walter spielten in einer Mannschaft des 1. FCK. Daher trug sie die Bezeichnung „Walter-Elf“. Sie hätte freilich auch genauso gut „Liebrich-Elf“ heißen können, denn es gab ein weiteres Brüderpaar. Liebrich I, der ältere, der Ernst, Jahrgang 1923, und Liebrich II, der jüngere, der Werner, Jahrgang 1927.

Während die Liebrichs entsprechend ihres Alters die Nummern „I“ und „II“ erhielten, kam nie jemand, auch kein Journalist, auf den Einfall, etwa die Walters gleicherart zu kennzeichnen. Da blieb es zur Unterscheidung immer bei der respektvollen Hinzufügung der Vornamen.

Die Liebrichs hätten freilich den gleichen Respekt verdient. Aber im Grunde war es ihnen egal - sie legten auf Äußerlichkeiten keinen gesteigerten Wert: Bescheiden und dennoch selbstbewusst gingen sie ihren Weg durchs Leben. Im Beruf und auch im Sport.

In der Elf der „Roten Teufel“ rief sie übrigens keiner mit Namen. Sie hießen einfach „Fahrer“, und im Spiel wusste jeder, wer von beiden gerade gemeint war, wenn etwa Fritz Walter, der Kapitän, mahnend oder fordernd „Fahrer!“ erschallen ließ. Lediglich beim gemütlichen Gespräch drückten sich die Mit-

PETER ZÄNGRY

Erinnerungen

[1933] Ich bekam ein Profi-Angebot vom FC Nancy. Der Saarbrücker Edmund Conen, der auch Nationalmannschaft spielte, und ich waren damals die Spitzenspieler in der Region. Profis gab es damals nur in England und Frankreich. Aber ich wollte kein Profi-Fußballer werden, Conen dagegen wechselte. Damals habe ich eine Sparkassenlehre absolviert und als Lehrling in der Mittagspause die Mädchen in der Töchterschule in der Burgstraße besucht. Später ging ich zur Bayerischen Gemeindebank und dann zur Girozentrale. Ich habe es nicht bereut. Auch wenn es als Fußballer in Kaiserslautern höchstens mal einen Wintermantel oder ein halbes Hähnchen auf der Kirmes zu „verdienen“ gab.

[1935] Am 25. September wurde mir bei einem Spiel in Waldfischbach ein Nerv im Bein durchgetreten. Prof. Kirchner, ein Chirurg in Heidelberg, führte die sehr komplizierte Operation durch. Sein Kommentar damals zu mir: „So eine Verletzung entsteht normalerweise nur bei Durchschüssen.“ Ich hatte zwar Glück, dass keine Folgeschäden blieben, aber Fußball konnte ich danach nicht mehr spielen. Der damalige Präsident Dr. Müller setzte mich als Jugendleiter ein. Unter anderem habe ich in dieser Zeit auch Fritz und Ottmar Walter trainiert.

schen Meister Bayern München mit 0:2. Anfang 1933 folgen weitere Niederlagen gegen Fürth und Nürnberg und damit das Ausscheiden der Lauterer.

[1933] Analog der politischen Entwicklung wird das Deutsche Reich in Fußballgaue eingeteilt. Kaiserslautern spielt künftig mit Vereinen aus Frankfurt, Offenbach, Darmstadt, Worms, Mainz, Pirmasens, Saarbrücken und anderen in der Gauliga Südwest und schafft bei diesen starken Gegnern gerade so den Klassenerhalt.

[1935] **27. Januar**
Nach Zuschauerausschreitungen beim Meisterschaftsspiel gegen Saar 05 Saarbrücken wird gegen den 1. FCK eine dreimonatige Platzsperre verhängt. Die ebenfalls in diesem Zusammenhang ausgesprochenen Sperren gegen einige Vereinsverantwortliche werden später aufgehoben.

Nach 1935
Am Ende der Spielzeit 1934/35 muss der 1. FCK als Tabellenzehnter in die Bezirksliga absteigen.
Die Betzenberger präsentieren sich in den folgenden Jahren als typische Fahrstuhlmannschaft: Aufstieg 1937 (Spielzeit 36/37), Abstieg 1938 (Spielzeit 37/38) und erneut direkter Aufstieg 1939 (Spielzeit 38/39). Von diesem Jahr an sollte allerdings der FCK bis zum Jahr 1996 immer in der höchsten deutschen Spielklasse vertreten sein.

PETER ZÄNGRY

Erinnerungen

[1939] Meine Verletzung hat mich davor bewahrt, in den Krieg ziehen zu müssen. Auf dem Betzenberg fanden trotz des Krieges weiter Spiele statt, auch eine Gaumeisterschaft wurde ausgespielt. Aber immer wieder mussten wir uns bei Luftalarm im Wald oder in den Luftschutzbunkern verstecken. Nach und nach wurden auch Spieler von uns eingezogen, einige kamen nicht mehr zurück.

spieler genauer aus: der „große Fahrer" und der „kleine Fahrer". Wobei, wie in der Pfalz üblich, das „groß" für den älteren Bruder, das „klein" für den jüngeren stand.

Aber woher kam der Ausdruck „Fahrer" für Fußballspieler? Den Ursprung hat einmal Fritz Walter so erklärt: „Als der Ernst als blutjunges Kerlchen, er war möglicherweise erst 17 und es war schon Krieg, erstmals in die erste FCK-Mannschaft kam, ging er gegen seine älteren Gegner vor lauter Respekt recht zaghaft vor. Und da haben wir ihm dann zugerufen: 'Fahr' dazwischen!' Und das tat er von diesem Augenblick an. Da war er plötzlich 'der Fahrer'. Und als später sein Bruder Werner dazukam, war der halt der 'kleine Fahrer'."
Nur - beide konnten mehr als nur „dazwischen fahren"! Was aus Werner geworden ist, das ist Geschichte - das schönste Kapitel der deutschen und Kaiserslauterer Fußballgeschichte. Er war Weltmeister und zweimal Deutscher Meister. Und als einziger dieser FCK-Truppe war er noch dabei, als die Betzenberger in das erste der inzwischen sechs Pokal-Finals einzogen. Für Statistiker: Gegen Werder Bremen setzte es 1962 in der alten Gelsenkircher Glückauf-Kampfbahn eine 2:0-Niederlage. Werner war damals schon 35, aber keineswegs fußballmüde. Wenige Jahre später übernahm er sogar vorübergehend das Training der FCK-Bundesliga-Mannschaft.
Im Spiel war er ein Feuerkopf, nicht nur wegen seines blond-roten Schopfes. Sepp Herberger brachte es einmal deftig auf den Punkt: „Ich habb' noch kenn Rote g'sehe, wo net gut Fußball g'spielt hot."
Der Werner hat sogar sehr gut gespielt: Er war ein erstklassiger Zweikämpfer, der hart zur Sache ging, aber in erster Linie sich selbst nicht schonte. Seine Spezialität: Er beherrschte den erlaubten Sohlenangriff auf den Ball wie seither nie mehr ein anderer! Es ist gut, dass die Schiedsrichter heute diese Attacken abpfeifen, weil die Sohle meist über den Ball (und aufs Schienbein des Gegners) geht. Bei Liebrich mussten sie diese Dinge nicht pfeifen!
Er war kein Kind von Traurigkeit, er war auch von hitzigem Temperament, aber schnell auch wieder versöhnt. Er spielte Stopper - heute vielleicht mit dem „letzten Mann" vergleichbar: schnell, ja explosiv und von gewaltiger Sprungkraft. Was viele über-

1900
1910
1920
1930
1940
1950
1960
1970
1980
1990
2000

[1938] In der Spielzeit 1938/39 rückt der gerade 18-jährige **Fritz Walter** aus der Jugend in die 1. Mannschaft auf. Gleich in seinem ersten Spiel gegen den SV Niederauerbach schießt er beim 8:1-Sieg vier Tore.

[1939] Auch im Entscheidungsspiel um den Aufstieg gegen die SG Burbach gelingen Fritz Walter drei Tore. Durch seine Extraklasse ist er gleich in seiner ersten Saison entscheidend am Aufstieg des FCK in die Erstklassigkeit beteiligt. Eine beispiellose Karriere beginnt.

Das Aufstiegs-Team

Werner Liebrich im Nationaltrikot, im Hintergrund Werner Kohlmeyer

Ernst Liebrich (Mitte) in Aktion, im Hintergrund sein Bruder Werner

sahen: Er konnte auch vortrefflich mit dem Ball umgehen - sonst hätten ihn Fritz Walter oder Sepp Herberger nicht akzeptiert. Seine befreienden Schläge aus der Abwehr heraus waren sehr oft zugleich 40-m-Vorlagen. Die Journalisten aus aller Welt und die 16 Trainer wählten Werner Liebrich nach der 54er-Weltmeisterschaft in der Schweiz mit deutlichem Vorsprung zum „Weltstopper“. Das sagt wohl genug!

Der ältere Ernst stand etwas im Schatten seines jüngeren Bruders - aber nur außerhalb Kaiserslauterns und der Pfalz. Die Spieler des FCK schätzten den „großen Fahrer“ wegen seiner Qualitäten genau so hoch. Er spielte bei den „Roten Teufeln“ ebenfalls in der Defensiv-Abteilung, mal als Seitenläufer (Mittelfeld heute), mal als Verteidiger. Entsprechend seines Alters etwas abgeklärter als sein jüngerer Bruder - aber genauso wirkungsvoll.
Im Tor stand jahrelang Willi Hölz, der heute noch schwärmt: „Auf den Ernst war immer Verlass! Er war in der ganzen Zeit die Zuverlässigkeit in Person. Niemals brachte er mich durch irgendeine Leichtsinnigkeit in plötzliche Schwierigkeiten. Und als Torwart habe ich auch gesehen, wie viel technisches Gefühl er besaß, wie er bei aller Härte und bei jedem Tempo keine Probleme mit dem Ball besaß.“ Umgekehrt hatte der „große Fahrer“ auch sehr viel Vertrauen in seinen Torwart. Aus diesem gegenseitigen Verhältnis von damals ist eine echte Männerfreundschaft geworden: Ernst Liebrich mit Frau und Willi Hölz mit Frau treffen sich auch heute noch mit schöner (Un-)Regelmäßigkeit.

Werner Liebrich ist nicht mehr da, auch nicht mehr der andere Verteidiger, Werner Kohlmeyer, der Unglücklichste der Nationalelf und der „Roten Teufel“. Kohlmeyer hatte viele Talente, auch im Beruf, den er sehr ernst nahm: Sonntags wurde der 1. FCK in Berlin Deutscher Meister, montags gab es in Kaiserslautern einen rauschenden Empfang, dienstags früh um 8 Uhr saß er in der Kammgarn hinterm Schreibtisch. Er wurde auch Pfalzmeister im leichtathletischen Fünfkampf - samstagsnachmittags bestritt er drei, sonntagsvormittags zwei Wettbewerbe, am Nachmittag siegte er mit der FCK-Mannschaft.

Der gutmütige, immer hilfsbereite Werner freute sich über jedes Lob, aber nach der WM '54 vermoch-

1900 1910 1920 1930 1940 1950 1960 1970 1980 1990 2000

25.Juni
Zur Saisoneröffnung präsentiert der FCK seinen Anhängern einen Leckerbissen: Auf dem Betzenberg gastiert die Mannschaft von Lazio Rom mit dem frischgebackenen Weltmeister Silvio Piola in ihren Reihen. Die Italiener gewinnen mit 4:1.

[1940] Der FCK wird Südwestvizemeister. Im Entscheidungsspiel bei den Offenbacher Kickers müssen sich die Lauterer mit 6:3 geschlagen geben, nachdem sie schon 3:0 geführt haben. Als Torhüter Gebhardt verletzt ausscheiden muss, reißen die Offenbacher das Spiel noch herum. In dieser erfolgreichen Saison gehören zur Stammbesetzung: Ernst Gebhardt („Schnaz“), Willi Hörhammer, Heiner Folz, Willi Müller, Heinrich Hergert, Heinrich Schaub, Jakob Marker, Georg Heimer, Werner Baßler, Fritz Walter und Walter Ininger.

14. Juli
Beim 9:3-Sieg gegen Rumänien gibt Fritz Walter ein sensationelles Debüt in der Nationalmannschaft. Der FCK hat seinen ersten Nationalspieler.

te er mitunter nicht mehr die Anerkennung von echten und falschen Freunden zu unterscheiden. Die falschen klopften ihm zu oft auf die Schultern - und sonnten sich im Glanz des Weltmeisters, solange der Glanz anhielt. Wenige Monate, nachdem er den Weg zurück zu den richtigen Freunden gefunden hatte, verstarb der immer liebenswerte, lustige Werner völlig unerwartet.

Als Beispiel für die damaligen Verhältnisse steht vielleicht Werner, der kleine Fahrer. Ihm und Ernst sind keine Reichtümer in den Schoß gefallen; ihrer Mutter bereiteten die beiden vor allem dann eine große Freude, wenn sie nach Freundschaftsspielen des 1. FCK einen Sack Kartoffeln oder einen Zentner Kohlen mit nach Hause brachten. Willkommene Zugaben in einer üblen Zeit.

Der Fußball sicherte Werner ein Zubrot; der Postsekretär war nicht auf Rosen gebettet, aber alles, was er damals vom 1. FCK erhielt, etwa 180 Mark im Monat, 220 Mark in der Zeit der Endrundenspiele oder 2.000 Mark für den Weltmeistertitel 1954 vom DFB (plus gespendeter Kühltruhe), trug er Mark für Mark auf die Bank. Bis er so viel aufgeschichtet hatte, um in der Eisenbahnstraße ein Grundstück zu erwerben und darauf ein Haus zu errichten. 1964, genau zehn Jahre nach dem WM-Sieg in Bern, erzählte er stolz, dass er in diesem Jahr erstmals richtig in Urlaub gefahren sei, weil er nun die Hypothek abgezahlt habe. Müssen oder können heutige Stars ebenso lange auf den ersten Urlaub warten? Bruder Ernst wohnt in Morlautern; er hat sich sein Leben als Rentner eingerichtet. Noch nie hat er ein Spiel des 1. FCK auf dem Betze versäumt, doch sportlich betätigt er sich auf Asphalt: Mit seinen 76 ist er noch immer ein erstklassiger Kegler, der jeden Samstag 100 in die Vollen schiebt - wozu, wie Kenner wissen, eine erhebliche Portion Kondition gehört. Die holt er sich in seinem Garten, den er hingebungsvoll hegt und pflegt.

Er will sich nicht mehr aufregen, aber ab und zu knurrt er dennoch vor sich hin, wenn ihm auf der Tribüne des 1. FCK einiges missfällt: „Das Direktspiel, den Doppelpass beispielsweise, das haben einige noch nicht begriffen.“ Und er sagt den Lehrsatz her, den Sepp Herberger und Fritz Walter vor mehr als 50 Jahren schon predigten und der heute noch Gültigkeit hat: „Wenn sich ein Spieler in Ballbesitz befindet, dann muss es für ihn mindestens zwei Abspielmöglichkeiten geben! Die kann er aber nicht haben, wenn sich die Mitspieler nicht ständig freilaufen. Der Fritz (Walter) hätte sie bei uns zur Schnecke gemacht!“

Heinrich Breyer

[1942]

17. März
1. FC Kaiserslautern - FK Pirmasens 26:0. Fritz Walter schießt gegen die stark ersatzgeschwächten „Horeber“ 13 Tore.

Überlegen sichert sich der FCK die Westmarkmeisterschaft und nimmt damit erstmals an der Endrunde um die Deutsche Meisterschaft teil. Nach einem grandiosen 7:1-Sieg über den SV Waldhof auf dem Betzenberg kommt das Aus für den FCK in der nächsten Runde: Gegen die mit acht Nationalspielern gespickte Elf von Schalke 04 haben die Lauterer keine Chance und unterliegen am Pfingstsonntag mit 3:9. Der FCK tritt an mit Baumann, Fritzinger, Flohr, Liebrich I (= Ernst), Schaub, Jergens, Marker, Adam, Fritz Walter, Baßler, Ottmar Walter.

22. November
Die deutsche Nationalmannschaft gewinnt in Preßburg mit 5:2 gegen die Slowakei.
Es ist das letzte Länderspiel während des Krieges. Die glänzende Nationalmannschaftskarriere Fritz Walters findet nach 24 Einsätzen ihr vorläufiges Ende.

[1942/43]

Ein regulärer Spielbetrieb ist in dieser Spielzeit nicht mehr möglich. Viele Plätze sind zerstört, die Spieler werden nach und nach eingezogen, u. a. auch Fritz Walter, Ottmar Walter, Werner Baßler, Werner Kohlmeyer. Rasch, Schaub und Baumann werden nicht zurückkehren.

Otto müsste würfeln ...

Eine bizarre FCK-Mannschaft: Lauter(er) Nationalspieler

PETER ZÄNGRY

Erinnerungen

[1948] Ich blieb dem 1. FCK treu. Erst als Mitglied im Spielausschuss und danach als Kassenverwalter, Richard Schneider übernahm das Amt des Jugendleiters. Beim Endspiel um die Deutsche Meisterschaft saß auf der Tribüne neben mir der Schweizer Schauspieler Rene Deltgen, der 90 Minuten lang Fritz Walter beobachtete. Was ich später erfuhr: Damals spielte Deltgen die Hauptrolle in dem Film „Das große Spiel“. Ich war begeistert, wie er alle Bewegungen von Fritz Walter, den er in dem Film mimte, detailgenau nachstellen konnte.

Keine Frage: „König Otto“ hätte die Qual der Wahl, würden diese Spieler in jungen Jahren und im Vollbesitz ihrer besten Kräfte und Säfte gleichzeitig zu seinem Mannschaftsaufgebot zählen. Auch den FCK-Fans würde wohler, wenn sich diese Namen auf das Spielfeld und die Ersatzbank verteilen ließen:
Abwehr mit: Andreas Brehme, Hans-Peter Briegel, Thomas Ritter und Karl Schmidt.
Mittelfeld mit: Michael Ballack, Franco Foda, Joschi Groh, Martin Wagner und Wolfram Wuttke.
Angriff: Thomas Allofs, Stefan Kuntz, Olaf Marschall, Seppl Pirrung, Marco Reich und Klaus Toppmöller.
In diesem schönen, aber zeitlosen Aufgebot fehlt freilich ein Torhüter - nur: Der 1. FC Kaiserslautern stellte schon für alle Mannschaftsteile Nationalspieler, nur niemals für das Tor. Da gab es immer irgendwo einen noch besseren für die deutsche Elf. Natürlich haben aufmerksame FCK-Fans längst bemerkt, dass auch die fünf 54er-Weltmeister fehlen - Fritz und Ottmar Walter, Horst Eckel, Werner Liebrich sowie Werner Kohlmeyer. Doch die tauchen in der legendären „Walter-Elf“ auf oder aber beim schönsten Triumph des DFB, der immer auch mit den Namen der fünf Lauterer verbunden sein wird.

Wie jedoch die Liste oben erkennen lässt, gab es weitere große Persönlichkeiten. Der Älteste ist Karl Schmidt, der neunfache Nationalspieler,

Hans-Peter Briegel

1900 1910 1920 1930 1940 1950 1960 1970 1980 1990 2000

[1945] Die französischen Besatzungsbehörden beschlagnahmen die Sportanlage auf dem Betzenberg und benutzen das Gelände als Abstellplatz für militärisches Gerät. Nach dem Befehlshaber der Besatzungsstreitkräfte, General Goislard de Montsabert, heißt der „Betze“ jetzt „Stade Monsabert“.

Fritz Walter kehrt im Oktober als einer der Ersten aus der Gefangenschaft zurück und kümmert sich als eine Art Spielertrainer sofort um den Wiederaufbau der Mannschaft.

[1945/46] **Winter**
Der Betzenberg wird zurückgegeben. In Eigenarbeit beseitigen die Vereinsmitglieder die Schäden und richten die Sportanlage wieder her. Training und Freundschaftsspiele finden in dieser Zeit auf dem benachbarten Erbsenberg statt, wo der Lokalrivale VfR großzügig Gastfreundschaft gewährt.

[1946] Unter dem Vorsitzenden Paul Karch wird der zuvor von den Besatzungsbehörden aufgelöste Verein unter dem gleichen Namen neu gegründet.

Bei der erstmals ausgetragenen „Zonenmeisterschaft“ belegt der FCK hinter dem 1. FC Saarbrücken den zweiten Platz.

Andreas Brehme

Stefan Kuntz

der noch in die Ära Fritz Walter hineinreichte. Heute führt er den Regionalverband Südwest und ist im DFB ein sachkundiger Schatzmeister. Der Jüngste ist Marco Reich (22), der wieder internationalen Anschluss sucht.

Dazwischen tauchen jedoch einige Spieler auf, bei deren Nennung alte FCK-Hasen mit der Zunge schnalzen. Der Andy Brehme etwa, der seine internationale Karriere bis zum Weltmeister auf dem Betzenberg startete und der gar keine Schwierigkeiten im Umgang mit dem Ball hatte. Sein um fünf Jahre älterer Busenfreund Hans-Peter Briegel hatte es da sehr viel schwerer. Anfänglich war Briegels größter „Feind" der Ball, aber mit unglaublicher Beharrlichkeit näherte er sich diesem Objekt mit immer mehr Zartgefühl - bis sich beide liebten. Ein Wunder für viele, die sich für Fachleute hielten. Briegel brachte es auf 72 Länderspieleinsätze, auf zwei Vize-Weltmeisterschaften und eine Europameisterschaft und zum Spieler des Jahres in Deutschland.

Martin Wagner

Ebenfalls Europameister, wenn auch 16 Jahre nach Briegel, wurde Stefan Kuntz, der Sohn von Günter Kuntz, der früher beim VfR Kaiserslautern und dann bei Borussia Neunkirchen spielte.

Würde die Liste mit jenen Spielern erweitert, die zwar den FCK-Dress trugen, aber schon früher oder auch erst danach ins Nationaltrikot schlüpften, dann tauchten da

[1947] **15. Juni**
Der FCK wird „Zonenmeister" der französischen Besatzungszone durch ein 8:4 beim VfL Konstanz, nachdem das Vorspiel in Kaiserslautern mit 8:1 gewonnen worden war.
Der Aufstieg des FCK zur deutschen Spitzenmannschaft hat begonnen. Der Innensturm mit Fritz Walter, Ottmar Walter und Werner Baßler gilt in der Fachpresse als der beste in Deutschland.

[1948] Der Verein hat jetzt 2.000 Mitglieder.

Die Titelverteidigung gelingt in einer Art, dass die Sportberichterstatter von einer Wundermannschaft sprechen. In 26 Meisterschaftsspielen schießt die „Walter-Elf" 151 Tore (bei 18 Gegentoren) und gibt ganze vier Punkte ab.

Als Zonenmeister ist der FCK für die erstmals wieder ausgetragene Endrunde um die Deutsche Meisterschaft qualifiziert. In der Vorbereitung besiegt der FCK Bayern München in Kaiserslautern mit 6:3 und in München mit 5:1 und beweist damit, dass er auch gegen große Gegner bestehen kann. Die Jubiläumsschrift von 1950 spricht in diesem Zusammenhang erstmals von den „'Roten Teufeln'

Karl Schmidt

ebenfalls noch berühmte Namen auf. Auch ein Torhüter wäre darunter: Karl Adam, der Koblenzer. Noch Beispiele gefällig? Bitte sehr: Reiner Geye, Marco Haber, Helmut Kapitulski, Bruno Labbadia, Herbert Laumen, Michael Schulz, dazu für die DDR-Elf Eigendorf, Ernst und Rösler.

Werner Kohlmeyer

Noch schillernder wäre allerdings das FCK-All-Star-Team mit den Ausländern. Da sollen nur die beiden Schweden Ronnie Hellström (noch ein Torhüter!), Roland Sandberg, der auch jetzt noch schmerzlich vermisste tschechische Libero Miroslav Kadlec, die französische „Schlange" und Weltmeister Youri Djorkaeff sowie der jetzige Kapitän Ciriaco Sforza erwähnt werden.

Seppl Pirrung

Das wär was - die alle beisammen. Und auf einmal. Otto müsste würfeln!

Heinrich Breyer

Die einzige Fußball-Nationalspielerin in den Reihen des 1. FCK war Margret Kratz. 1985 bestritt sie zwei Länderspiele für Deutschland. Die schnelle Angreiferin, heute als A-Schein-Inhaberin Trainerin beim Bundesligisten 1. FC Saarbrücken, kam in Lüneburg beim 2:3 gegen Norwegen und Wochen später beim 0:1 in Finnland zum Einsatz.

1900 1910 1920 1930 1940 1950 1960 1970 1980 1990 2000

vom Betzenberg, wie man die ganz in weinrot spielenden Lauterer künftig nannte".

8. August
In Köln unterliegt der FCK vor 80.000 Zuschauern im Endspiel um die Deutsche Meisterschaft dem 1. FC Nürnberg mit 1:2. Es spielen: Hölz, Kohlmeyer,

Huppert, Liebrich I (Ernst), Liebrich II (Werner), Klee, Christmann, Baßler, Ottmar Walter, Fritz Walter und Grewenig.

Dezember
Nach Aufhebung des Boxverbots durch die Besatzungsbehörden erfolgt sofort die Neugründung der FCK-Boxabteilung.

[1949] Nach dem erneuten Gewinn der Zonenmeisterschaft belegt der FCK in der Endrunde um die Deutsche Meisterschaft den dritten Platz.

Auch viele ausländische Nationalspieler, wie Ciriaco Sforza, spielten und spielen beim 1. FCK.

Klaus Toppmöller, erfolgreichster Torjäger des FCK in der Bundesliga, wurde in die Nationalmannschaft berufen. Am linken Bildrand Rainer Geye.

„Hätte öfter auch mal die Ellbogen einsetzen müssen"

von Axel Roos

Er ist einer der erfolgreichsten FCKler aller Zeiten: Axel Roos wurde zweimal Deutscher Meister und zweimal DFB-Pokalsieger. Seit 21 Jahren spielt er für den 1. FC Kaiserslautern, Rekord in der Bundesliga! Und kaum einer hat die Höhen und Tiefen des Vereins intensiver miterlebt als er. Axel Roos, Urgestein, Dauerbrenner und ein echter „Pälzer Bu". Rund 300 Bundesliga-Spiele hat er absolviert und wenn ihn Verletzungen nicht immer wieder zurückgeworfen hätten, könnten es leicht 100 mehr sein. 36 wird er zum Saisonstart 2000/2001. Es ist vielleicht seine letzte Saison, auch wenn er noch heute „schneller ist als manch 20-Jähriger". Privat hat er sein Glück längst bei Ehefrau Regine und den Zwillingen Pascal und Lucas gefunden. Der heimat- und naturverbundene Roos geht noch heute für sein Leben gerne Pilze sammeln, wenngleich er sich auch auf dem Golfplatz mittlerweile wohl fühlt (Handicap 24).

Es hat sich vieles verändert in den letzten 20 Jahren. Damals kickte ich gerade mal ein Jahr in der Jugend des 1. FCK, nachdem ich mit 14 meinen Heimatverein SG Thaleischweiler-Fröschen verlassen hatte. Obwohl mein Vater ein Stukkateurgeschäft hatte, fuhr er mich mehrmals in der Woche abends nach Kaiserslautern ins Training. Natürlich träumte ich von einer Karriere als Profi, aber ich habe durch die gute Zusammenarbeit zwischen FCK und Heinrich-Heine-Gymnasium nebenbei auch mein Abitur gemacht. Jedem jungen Spieler kann ich nur ans Herz legen, eine Schul- oder Berufsausbildung abzuschließen, bevor er sich auf das Abenteuer Profifußball einlässt.

Es war für mich das Größte, von einem Ex-Profi wie Lutz Eigendorf trainiert zu werden. Meinen ersten Profivertrag habe ich damals bei Präsident Udo Sopp unterschrieben. Ohne Spielerberater übrigens. Mein Vater war zwar bei den Verhandlungen dabei, aber ansonsten war ich auf mich allein gestellt. Die Strukturen waren ganz andere als heute, die Geschäftsstelle war unter dem Dach der alten Nordtribüne untergebracht, im Innenbereich der Westkurve war ein schöner Rundbogen. Die Spiele besuchten damals 13.000 oder 14.000 Zuschauer und weil wir in der Tabelle selten oben standen, gab es kurze Spielberichte in der Sportschau zu sehen. Mehr nicht. Aber ich war stolz. Als ich in den ersten Wochen und Monaten, damals noch als A-Jugendlicher, mit den „Großen" mittrainieren durfte, hatte ich gehörigen Respekt. Da war schon mal einer der Etablierten sauer, wenn ich ihm im Training nicht den Ball zugespielt habe. Zum Glück bin ich nie so geworden...

1900
1910
1920
1930
1940
1950
1960
1970
1980
1990
2000

[1950] Seit Jahresbeginn wird der Verein von Dr. Ludwig Müller als 1. Vorsitzenden geleitet.

Dr. Ludwig Müller

Erstmals nach dem Krieg betreut wieder ein Trainer die Mannschaft: Kuno Krügel. Der vierten Zonenmeisterschaft in Serie folgt das frühe Ausscheiden in der Endrunde: Mit 2:5 unterliegt man in Nürnberg dem späteren Deutschen Meister VfB Stuttgart.

Die Juniorenmannschaft erringt die Südwestmeisterschaft. Die insgesamt sehr erfolgreiche Jugendarbeit ist vor allen Dingen ein Verdienst von Richard Schneider, der die Jugendabteilung nach dem Krieg wieder aufgebaut hat.

25. Juni
Die FCK-Boxabteilung richtet in der Fruchthalle die Südwestdeutschen Einzelmeisterschaften aus.

November
Deutschland bestreitet in Stuttgart gegen die Schweiz das erste Länderspiel nach dem Krieg (1:0). Mit dabei: Ottmar Walter vom FCK. Sein Bruder Fritz fehlt verletzungsbedingt.

Axel Roos im Einsatz

Überhaupt hat sich vieles in eine Richtung verändert, die gefährlich werden könnte. Seit Bosman haben auch ganz junge Spieler die große Chance, sehr gutes Geld zu verdienen. Neben dem Verdienst hat sich aber auch in der Außenwirkung des Fußballs und allen damit zusammenhängenden Begleiterscheinungen vieles geändert. Der Profi von heute muss sich bedeutend mehr um Öffentlichkeitsarbeit kümmern als früher. Damals hattest du eine Autogrammkarte zum Verteilen, heute haben einige Spieler sogar schon ihre eigene Homepage im Internet; Interviews waren damals die Ausnahme, heute gehören sie zum täglichen Geschäft. Die Jungs gehen heute viel selbstbewusster zu Werke als wir damals. Natürlich birgt das hohe Anfangsgehalt auch Risiken, einige werden vielleicht zu schnell bequem.

Der Vorwurf, wir hätten in Deutschland zu wenig Talente, gilt nur bedingt. Gute, talentierte Fußballer wird es immer wieder geben, aber im Vergleich zu damals ist der Druck des kurzfristigen Erfolgs gestiegen. Und weil früher nur drei Ausländer in jedem Team spielen durften, griffen die Trainer zwangsläufig auf junge Talente zurück. Das ist heute nicht mehr so. Wer aber talentiert genug ist und seinen Marktwert kennt, wird ungeduldig. Auf die Bank will sich heute kaum noch ein Jungprofi setzen.

Als ich zum Beispiel damals bei Kalli Feldkamp nicht mehr zum Einsatz kam, hätte ich vielleicht auch meinen Rausschmiss provozieren sollen. Zu dieser Zeit hatte ich gerade meinen Vertrag um drei Jahre verlängert. Mit der Reife von heute hätte ich sicher die Ellbogen eingesetzt, aber stattdessen

1950/51 Mit Richard Schneider als Trainer geht der FCK in die neue Saison. Der gebürtige Lauterer hatte mit Fritz Walter in der Jugend gespielt. Ein Meniskusschaden beendete früh seine aktive Karriere.

Richard Schneider am Pendel

Mit 46:6 Punkten und 95:16 Toren sichert sich der FCK überlegen die Meisterschaft in der neu geschaffenen Oberliga Südwest. Ottmar Walter wird mit 28 Treffern Torschützenkönig.

1951 **15. April**
Fritz Walter spielt wieder in der Nationalmannschaft: Beim 3:2 gegen die Schweiz in Zürich ist auch sein Bruder Ottmar dabei.

17. Juni
Beim 1:2 der Nationalmannschaft in Berlin gegen die Türkei stehen mit Fritz Walter und den Debütanten Kohlmeyer und Werner Liebrich drei FCK-Spieler im Team. Der FCK bildet das Rückgrat der Nationalmannschaft.

Axel Roos

PETER ZÄNGRY

Erinnerungen

[1952] Berühmt waren damals die legendären „Rosenmontagsbälle" des 1. FCK. Da kamen mehrere Tausend Menschen. Für die Mädchen der Stadt war diese Veranstaltung Pflicht. Es hieß immer, wer als Mädchen etwas werden wollte, muss zum Rosenmontagsball des FCK.

habe ich mich dem Schicksal gefügt. Die jungen Spieler heute haben ganz andere Argumente, können konsequenter ihre Vorstellungen durchsetzen.

Ein Stück weit schlägt sich das natürlich auch auf die Kameradschaft nieder. Wir haben damals viel mehr unternommen, aber vielleicht sind einfach auch die Interessen zwischenzeitlich zu unterschiedlich gelagert. Freundschaften waren früher an der Tagesordnung. Bei Roger Lutz zum Beispiel bin ich Trauzeuge, Thomas Hengen ist der Patenonkel meiner beiden Kinder. Zu meinen besten Freunden zählen Oliver Schäfer und Herbert Hoos. Vieles von der Spontanität und der Vertrautheit ist verloren gegangen. Ich kann mich noch gut an eines der regelmäßigen Trainingslager im „Blechhammer" erinnern, als wir beim Waldlauf um den Vogelwoog sämtliche Abkürzungen gewählt hatten und uns auf halber Strecke von „Rosario" Pizza servieren ließen. Kalli Feldkamp hat natürlich nichts mitbekommen. Ich glaube, dass unser heutiger Co-Trainer Reinhard Stumpf, der damals bei den Pizzaessern dabei war, nur deswegen jeden Waldlauf mitmacht, weil er genau weiß, was wir ohne Aufsicht vielleicht anstellen könnten.

Viele hatten mich während meiner Karriere schon abgeschrieben. Lange Verletzungspausen haben mich immer wieder zurückgeworfen. Aber alle Trainer, ob Friedel Rausch, Hannes Bongartz oder Sepp Stabel, haben mir Zeit gegeben. Das setzt natürlich auch einen eisernen Willen voraus, sich immer wieder zu beweisen und ranzukämpfen. Vielleicht stört mich deshalb auch das Klischee vom sensiblen Profi. Diesen Ruf haben mir immer wieder Leute versucht anzudichten. Aber was ist schlimm daran, Rücksicht auf seine Mitspieler zu nehmen oder Klavier spielen zu können?

Fußball ist ein hartes, zuweilen auch eiskaltes Geschäft. Doch niemand verbietet es Trainern oder Spielern, die menschliche Seite zu zeigen. Der Fußball lebt schließlich auch von Emotionen. Und die müssen im Umgang miteinander nicht einfach abgeschaltet werden. Als ich vor einigen Jahren am Pfeiffer'schen Drüsenfieber erkrankt war, rief mich Olaf Bodden von 1860 München an. Bodden hat seit Jahren mit einem chronischen Drüsenfieber zu kämpfen und wollte mich über diese Krankheit aufklären. In der Bilanz von 18 Jahren Profifußball stufe ich eine solche Begebenheit gerne unter der Rubrik „positive Erinnerungen" ein.

30. Juni
Berlin, Olympiastadion, 90.000 Zuschauer:
Im Endspiel um die Deutsche Fußballmeisterschaft besiegt der FCK Preußen Münster mit 2:1 (0:0) durch zwei Tore von Ottmar Walter. Der Meister spielt mit Adam, Rasch, Kohlmeyer, E. Liebrich, W. Liebrich, Jergens, Eckel, F. Walter, O. Walter, Baßler und Fuchs.

Werner Baßler erzielte für den FCK 1388 Pflichtspieltore.

Dezember
Bundespräsident Theodor Heuss verleiht dem 1. FCK für „hervorragende sportliche Leistungen" das silberne Lorbeerblatt.

[1952] Der FCK belegt in der Oberligameisterschaft nur den zweiten Platz hinter dem 1. FC Saarbrücken und nimmt nicht an der Endrunde teil.

Axel Roos mit Mannschaftskamerad Franco Foda

Natürlich gibt es auch jede Menge Mannschaftskameraden, an die ich mich noch heute gerne erinnere. Wolfgang Wolf zum Beispiel, von dem ich mir viel abgeschaut habe. Er war ein großer Kämpfer und unheimlich stark im Spiel Mann gegen Mann. Noch heute habe ich Kontakt zu ihm. Auch Hans-Peter Briegel und Gerd Bold haben einen positiven Eindruck hinterlassen. Mit Frank Hartmann und Wolfram Wuttke habe ich gerne gespielt, weil es tolle Fußballer waren, die dich glänzend in Szene zu setzen wussten.

Die Titel, die wir in den letzten Jahren errungen haben, waren allesamt nicht unbedingt zu erwarten. Schon der Pokalsieg 1990 kam überraschend, weil wir in dieser Saison fast abgestiegen wären. Doch mit diesem Sieg hat die positive Entwicklung eigentlich erst angefangen. Es waren finanzielle Möglichkeiten vorhanden, die der Verein vorher nicht hatte. Die Meisterschaft im Jahr darauf hat es dem Verein erst ermöglicht, in den Ausbau des Stadions zu investieren. Wir haben uns in den neunziger Jahren von einer Kämpfertruppe zu einer spielenden Mannschaft entwickelt, haben in den letzten Jahren teilweise spektakulären Fußball geboten.

Aber natürlich habe ich auch abseits des Fußballplatzes viel erlebt. Ich denke nur an die China-Reise mit Friedel Rausch. Kaum einer hatte sich über die zu erwartenden Witterungsbedingungen und Essgewohnheiten informiert. Dass es dann fast nur geregnet hat und im Restaurant lauwarm gekochte Speisen kredenzt wurden, konnte mich nicht sonderlich überraschen. In weiser Voraussicht hatte ich in meinem Gepäck Schwarzbrot, Salami und Nutella verstaut. Manche dachten, sie müssten sich darüber lustig machen. Als sie aber tagelang angebundene Katzen sahen und sich auch mit den Tauben auf dem Grill nicht so recht anfreunden konnten, stan-

---

1900 1910 1920 1930 1940 1950 1960 1970 1980 1990 2000

Gründung der Basketballabteilung durch Studiendirektor Hans Koch vom Naturwissenschaftlichen Gymnasium.

Der Deutsche Jugendmeister im Basketball von 1957

Erich Fuchs läuft in der 4 x 100 m-Staffel bei den Olympischen Spielen von Helsinki und ist damit der erste Olympia-Teilnehmer der FCK-Leichtathleten. Bei den deutschen Meisterschaften im gleichen Jahr wird er mit einer Zeit von 10,8 Sekunden Zweiter über 100 m.

den eines schönen Abends zwei Spieler bei mir im Zimmer. Was sie wollten? Natürlich meine Salami. Die haben wir dann brüderlich geteilt. Es ist manchmal gar nicht so schlecht, auf ältere Spieler zu hören...

Vielleicht kann ich ja auch nach meiner Profilaufbahn ein wenig von meiner Erfahrung weitergeben. Nicht unbedingt als Trainer, aber schon im sportlichen Bereich. Ich bin selbstbewusst und erfahren genug, um später - in welcher Funktion auch immer - meinen Beitrag leisten zu können. Sachliche, ruhige und zielstrebige Arbeit ist immer gefragt. Wir werden sehen, was kommt. Bis dahin möchte ich auf dem Platz zeigen, dass ich noch längst nicht zum „alten Eisen" zähle.

Axel Roos freut sich über ein Tor gegen Bayern München.

1953 Der FCK präsentiert sich in alter Stärke und gewinnt ungefährdet die Südwestmeisterschaft. In 30 Spielen schießt allein Fritz Walter 38 von 127 FCK-Toren und wird damit Torschützenkönig aller Oberligen.

Die Endrunde wird wieder in Gruppen ausgespielt, und wie schon 1951 weicht der FCK in das neu erbaute Ludwigshafener Südweststadion aus, in dem 70.000 Zuschauer Platz finden.

Der FCK wird mit nur einem Verlustpunkt souveräner Gruppensieger.

21. Juni

Willi Wenzel und Trainer Richard Schneider

Mit 4:1 (1:0) behält der FCK im Berliner Olympiastadion die Oberhand über den Titelverteidiger VfB Stuttgart und wird zum zweiten Mal Deutscher Fuß-

Werner Melzer bestritt 374 Bundesliga-Spiele für den 1. FC Kaiserslautern.

1900
1910
1920
1930
1940
1950
1960
1970
1980
1990
2000

ballmeister. Die Tore schießen Fritz Walter, der in der ersten Spielminute einen Elfmeter vergibt, Karl Wanger, Erwin Scheffler und Willi Wenzel. Die Mannschaftsaufstellung: Hölz, E. Liebrich, Kohlmeyer, Eckel, W. Liebrich, Render, Scheffler, Fritz Walter, Ottmar Walter, Wenzel und Wanger.

Sommer
Weil das Spielfeld nicht die vom DFB vorgeschriebenen Maße hat, wird endlich der auch aus sportlichen und finanziellen Gründen dringend notwendige Stadionausbau in Angriff genommen. Die Kapazität wird erweitert, wenn auch die in der Planung vorgesehenen 40.000 Zuschauerplätze bei weitem nicht erreicht werden.

[1954] Hart kämpfen muss der FCK um den Oberligatitel in der Spielzeit 1953/54. Der FK Pirmasens führt lange Zeit die Tabelle an und braucht vor dem letzten Spiel auf dem Betzenberg nur noch einen Punkt zur Meisterschaft. Aber vor 30.000 Zuschauern siegt der FCK mit 4:0 und holt sich den Titel und die Berechtigung zur Endrundenteilnahme.

23. Mai
Endspiel im Hamburger Volksparkstadion: Sensationell unterliegt Titelverteidiger Kaiserslautern Hannover 96 mit 1:5 (1:1).

Boxer stehlen den Fußballern bei Olympia die Schau

Auch wenn Fußballer die Bedeutung eines Olympischen Turniers gerne in den Schatten von Weltmeisterschaften stellen: Olympia ist und bleibt das größte sportliche Ereignis der Welt. Auch Sportler des 1. FC Kaiserslautern haben sich in die Teilnehmerlisten von Olympischen Spielen eingetragen. Sogar Fußballer!

Der erste FCK'ler bei Olympia war der Sprinter Erich Fuchs, der mit einer Zeit von 10,8 Sekunden zuvor Deutscher Vizemeister über 100 Meter geworden war. Bei den ersten Olympischen Spielen nach dem Zweiten Weltkrieg mit deutscher Beteiligung war Fuchs Mitglied der 4x100-Meter-Staffel. Der FCK-Leichtathlet verbuchte zahlreiche erstklassige Platzierungen bei Deutschen Meisterschaften und nahm in den fünfziger Jahren an etlichen Länderkämpfen für die deutsche Nationalmannschaft teil.

Vor allem die Boxer des 1. FC Kaiserslautern dürfen mit Stolz zurückblicken. Die Faustkämpfer sind bis heute die erfolgreichsten Olympiateilnehmer des 1. FC Kaiserslautern. Bei den Spielen 1964 in Tokio gewann Emil Schulz nach EM-Bronze ein Jahr zuvor in Moskau die Silbermedaille im Mittelgewicht. Lediglich der Russe Popentschenko war stärker als der fünffache Deutsche Meister der Jahre 1960 bis 1964. Schulz, auch ein Dutzend Mal Südwestmeister, bekam für den zweiten Rang in Tokio vom Bundespräsidenten das Silberne Lorbeerblatt überreicht, die höchste Auszeichnung für Sportler, die es in Deutschland gibt. Auch eine langwierige Krankheit vermochte den Pfälzer nicht zu stoppen: Nach sechs Jahren Pause feierte Emil Schulz ein glanzvolles Comeback auf Südwestebene und war danach auch als Trainer erfolgreich.

Ein anderer Boxer sorgte in den Achtzigern für Furore: Rainer Gies, den der FCK mangels eigener Boxstaffel an Bundesligisten wie Ahlen oder CSC Frankfurt ausgeliehen hatte. Der 10fache Deutsche Meister und Militärweltmeister von 1985 gewann mehr als 85 Prozent seiner 270 Kämpfe. Bei Olympia nahm Rainer Gies gleich zwei Mal teil: 1984

PETER ZÄNGRY

Erinnerungen

[1954] Damals hatten die wenigsten einen eigenen Fernsehapparat. Zum WM-Finale trafen sich dehalb fast alle Fans in verschiedenen Kneipen. Ich war damals im „Benderhof" in der Richard-Wagner-Straße. Die Wirtschaft gibt es übrigens heute noch.

4. Juli
Im Berner Wankdorfstadion gewinnt Deutschland das WM-Finale gegen Ungarn mit 3:2. In der Weltmeisterelf stehen mit **Werner Kohlmeyer, Ottmar Walter, Horst Eckel, Werner Liebrich** und **Fritz Walter** (Foto, von links) fünf FCK-Spieler.

[1955] **März**
Der FCK übernimmt die Löwenburg. Das Haus am Fuß des Betzenbergs soll umgebaut werden und anschließend als Vereinsheim und Geschäftsstelle dienen.

Der FCK gewinnt etatmäßig die Südwestmeisterschaft. Erstmals werden die Gruppenspiele um die Deutsche Meisterschaft im eigenen Stadion ausgetragen. Zum dritten Mal in Folge erreicht der FCK das Endspiel.

Bronzemedaillen-Gewinner Wolfram Wuttke (links)

landete der Pfälzer auf Rang fünf, vier Jahre später in Seoul holte Gies die Bronzemedaille im Halbweltergewicht. Nur einer war 1988 noch erfolgreicher: Ray Merce, ebenfalls FCK-Mitglied, holte für sein Heimatland USA die Goldmedaille im Schwergewicht. Merce, von Günter Wiewecke trainiert, war damals in Baumholder stationiert und fast täglich im Training in der Goetheschule am Sandsack und im Ring.

Mit Michael Schulz (sieben Einsätze) und Wolfram Wuttke (elf Spiele) nahmen auch zwei Bundesliga-Spieler des 1. FCK erfolgreich an der Olympiade 1988 in Seoul teil. Nach einem 3:0-Sieg über Italien im „kleinen Finale" traten die beiden mit der Bronzemedaille im Gepäck die Heimreise aus Südkorea an. Dabei wäre sogar Gold möglich gewesen: Im Halbfinale unterlag die deutsche Mannschaft erst im Elfmeterschießen dem Team aus Brasilien mit 2:3 (nach regulärer Spielzeit hatte es 1:1 gestanden). Schulz und Wuttke gehörten neben Wolfgang Funkel (damals noch Bayer Uerdingen), Frank Mill und Jürgen Klinsmann zu den Stützen der besten Olympia-Mannschaft, die der DFB je stellte. In der A-Nationalmannschaft nur Mitläufer, bestach Wuttke in der Olympiaauswahl als Spielmacher und Torjäger. Sechs Tore in elf Spielen sind dafür ein eindeutiger Beleg.

Zehn Spiele (zwei Tore) in der Olympia-Mannschaft stehen bei Andreas Brehme zu Buche. Dabei kam er 1984 in Los Angeles auch bei den Olympischen Spielen zum Einsatz, musste aber nach einer 2:5-Niederlage im Viertelfinale gegen Jugoslawien vorzeitig die Koffer packen. Bei den Olympischen Spielen 1972 in München nahm Hermann Bitz als Mitglied der deutschen Amateur-Nationalmannschaft als erster FCK-Fußballer an Olympia teil. Insgesamt trug Bitz 23 Mal das Trikot der deutschen Amateurauswahl.

Nicht bei Olympia, aber in der Olympiamannschaft am Ball waren auch die FCK-Spieler Markus Kranz (zwei Spiele), Marco Haber (zwei), Joachim Stadler (zwei), Marco Reich (zwei) und Thomas Allofs (eins).

Wolfgang Schneider
(freier Autor, Bundesliga-Kenner und Statistik-Enthusiast)

1900 1910 1920 1930 1940 1950 1960 1970 1980 1990 2000

26. Juni
In einem dramatischen Finale unterliegt der FCK in Hannover Rot-Weiß Essen mit 3:4 (1:3). Das Spiel wird durch ein höchst umstrittenes Tor der Essener entschieden, nachdem die Lauterer einen 3:1-Vorsprung noch einmal ausgleichen konnten. Lediglich auf einer Position unterscheidet sich die Mannschaft von der des Vorjahres im Finale: Für Ottmar Walter ist Werner Mangold ins Team gekommen.

Das Handballspiel im Verein kommt vorläufig zum Erliegen.

6. Oktober
Aus Anlass der Einweihung des Leipziger Zentralstadions spielt der FCK vor 120.000 Zuschauern gegen Wismut Karl-Marx-Stadt. In diesem Spiel gelingt Fritz Walter sein legendäres „Flugabsatztor" nach einer Flanke seines Bruders Ottmar.

[1956] Nach erneuter Meisterschaft in der Oberliga Südwest verpasst der FCK den Einzug ins Endspiel wegen des schlechteren Torverhältnisses.

[1957] Noch einmal holt die Mannschaft den Südwesttitel. Aber in den Gruppenspielen um die Deutsche Meisterschaft wird nur der dritte Platz erreicht. Die „Walter-Elf" hat ihren Zenit überschritten.

Karl Mildenberger gegen Cassius Clay:
„Milde" steht zwölf Runden gegen den „Größten"

Die Szenerie glich der bei einem Staatsbesuch, als Cassius Clay in Frankfurt aus einer Boeing 707 stieg: Im Tross nicht nur Manager-Coach Angelo Dundee, sondern auch seine Mutter Odessa. Für die Ankunft auf dem Rhein-Main-Flughafen hatte die Polizei Verstärkung angefordert, denn außer etwa 400 Journalisten wollten auch Tausende Fans den Box-Weltmeister aller Klassen sehen. Schon bei der ersten Pressekonferenz in der Ankunftshalle stand nur einer im Rampenlicht: Cassius Clay, der sich später nur noch Muhammad Ali nennen sollte. Frei nach Brecht: „Man sieht nur die im Lichte...".

„Die im Dunkeln" verstanden die Welt nicht mehr. Sein deutscher Gegner Karl Mildenberger, der hochgelobte Europameister, schüttelte nur unverständlich den Kopf: „Ich kann nicht verstehen, dass mich die deutsche Presse so im Stich lässt. Dabei bin ich nach Max Schmeling der erste Deutsche im Kampf um die Weltmeisterschaft im Schwergewicht." Dabei hatte „Milde" schon vor dem großen Kampf im Alleingang die altehrwürdige Festhalle gefüllt.

An diesem 10. September 1966 lockte der Kampf zwischen Karl Mildenberger und Cassius Clay unglaubliche 40.000 Zuschauer ins Waldstadion, die den 28-jährigen Pfälzer in seinem größten Fight sehen wollten. Max Schmeling meldete sich, wollte

Karl Mildenberger bestritt als Amateur 64 Kämpfe, von denen er 59 gewann, davon 52 durch K.o. 1957 Deutscher Vizemeister im Halbschwergewicht (Niederlage gegen Georg Krenz aus Essen), 1958 Deutscher Meister im Halbschwergewicht. Als Profi 62 Kämpfe, davon 53 Siege, drei Remis und sechs Niederlagen. Nach dem Gewinn der Europameisterschaft konnte der Pfälzer seinen Titel sechs Mal mit Erfolg verteidigen. Der Bielefelder Georg Ball war der einzige deutsche Profi, der gegen Karl Mildenberger gewann.

„Milde" Mut zusprechen: „Auch ein Cassius Clay ist zu stoppen." Auch Clay hatte Respekt: „Mildenberger ist ein schneller und guter Mann, ich werde aufpassen müssen."

40.000 Deutsche hofften auf die Sensation, feuerten den Europameister frenetisch an. Und der verkaufte sich ausgezeichnet. Clay musste bei seiner sechsten Titelverteidigung mehr Körpertreffer hinnehmen, als ihm lieb war. Doch der Amerikaner war ein Taktiker, ließ den Pfälzer zwei Minuten lang den Kampf machen, bevor er den Staub von seinen Handschuhen blies und selbst die Initiative übernahm. Trotzdem: Cassius Clay musste viel tun, mehr arbeiten als beispielsweise gegen Henry Cooper oder Sonny

Mai
Auf Einladung der „German-American Football Association" unternimmt die FCK-Mannschaft eine ausgedehnte USA-Reise.

Vorfreude:
Die Spieler des 1. FCK auf der Fähre vor Manhattan

[1958]

11. Januar
Einweihung des Vereinsheims „Löwenburg".

Nach einem zweiten Platz in der Südwestmeisterschaft hinter dem FK Pirmasens nimmt der FCK zum ersten Mal seit 1953 nicht an der Endrunde um die Deutsche Fußballmeisterschaft teil.

Gründung der Abteilung „Traditionsfußball" im FCK. Ziel ist künftig vor allem die Repräsentation des Vereins.

24. Juni
Beim WM-Halbfinalspiel in Göteborg gegen Schweden (3:1 für Schweden) spielt Fritz Walter zum letz-

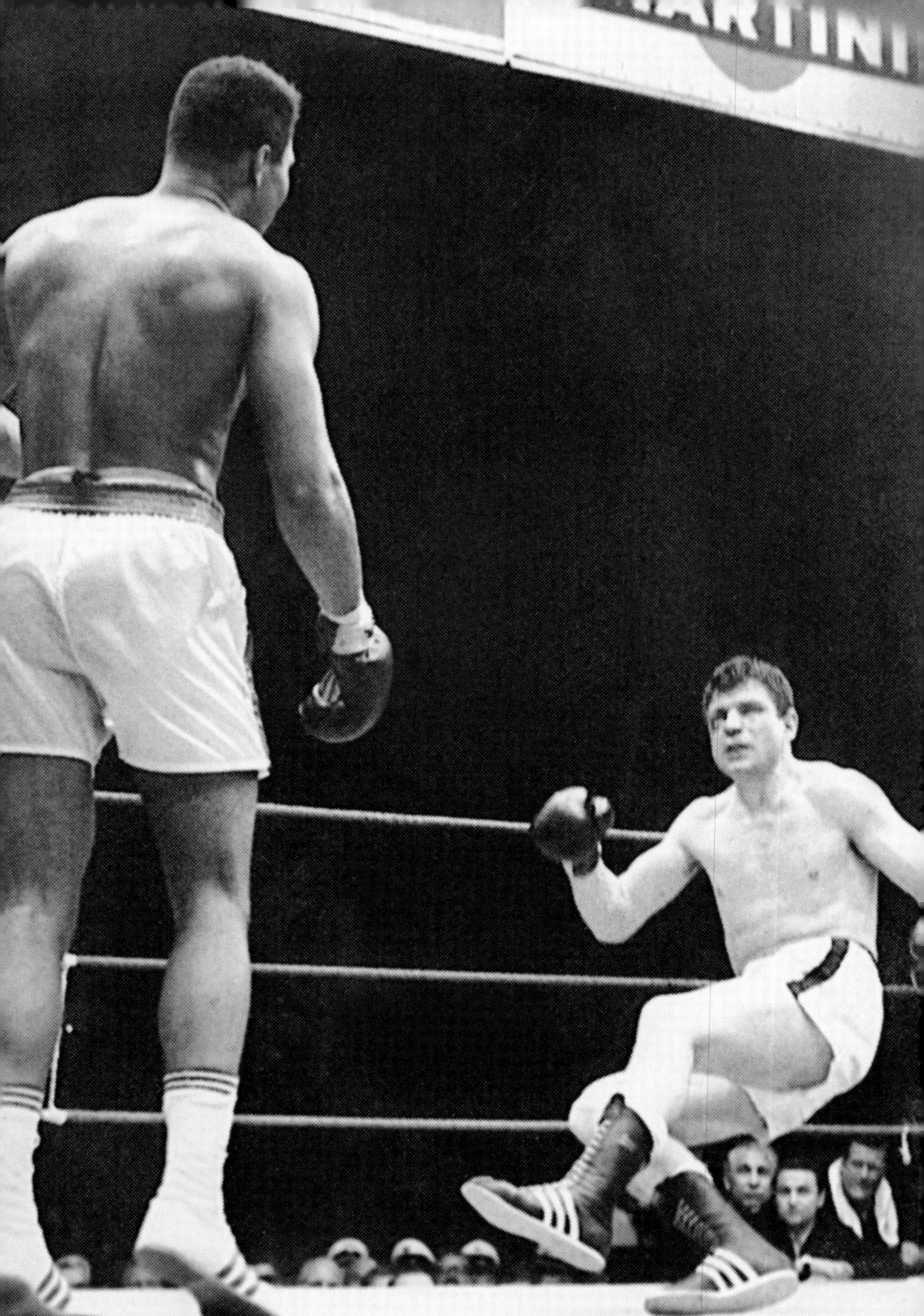

Cassius Clay schickt Karl Mildenberger zu Boden

Liston. Auch ein dickes Auge (Clay hatte mit offener Hand getroffen) konnte Mildenberger nicht einschüchtern, der seinerseits Clay mit einem Leberhaken erschütterte. Das Waldstadion war aus dem Häuschen wie sonst nur bei einem wichtigen Tor der Eintracht. Mildenberger lieferte den Kampf seines Lebens.

Selbst einen linken Haken steckte Mildenberger, der bis auf „5" angezählt wurde, scheinbar unbeirrt weg. Das Aus für den Lauterer dann in der 12. Runde nach einem Kinnhaken Clays, von dem sich Mildenberger nicht mehr erholte. K.o.-Sieg für den Champion aller Klassen, aber auch Beifall und Anerkennung für seinen Gegner. „Eine herrliche Leistung von Mildenberger, er hat die Schwächen von Clay aufgezeigt", erinnert sich Max Schmeling. Auch Gustav „Bubi" Scholz schwärmt: „Es war Mildes größter Kampf."

Das größte Kompliment allerdings kam vom Meister selbst: „Mildenberger ist nicht zu Unrecht Europa-Champion. Er hat Herz, ist stark und war ein echter Herausforderer. Dieser Kampf war der härteste meiner Laufbahn."

Mildenberger bewies auch in der Stunde der Niederlage Größe: „Ich habe gesagt, dass ich mich nicht fressen lasse. Aber Clay ist wirklich der Größte." „Milde" hat gegen den größten und erfolgreichsten Boxer aller Zeiten verloren. Und stand endlich selbst wieder im Lichte. Denn wann hat ein Kaiserslauterer jemals 40.000 „Frankfurter" derart begeistert wie an diesem 10. September 1966?

Wolfgang Schneider
und Dirk Leibfried

ten Mal in der deutschen Nationalmannschaft. In 18 Jahren kam er auf 61 Einsätze und schoss 33 Tore.

Die Handballabteilung nimmt den Spielbetrieb wieder auf, allerdings mit wechselndem, aber meist mäßigem Erfolg.

Die Basketballjunioren holen nach 1957 erneut die Deutsche Jugendmeisterschaft.

Für Fritz Walter, der 1958 sein letztes Länderspiel bestritt, wurde eigens eine Sonder-Briefmarke gedruckt.

Fußball braucht Typen und Charaktere

PETER ZÄNGRY

Erinnerungen

[1960] Ich besuchte in Paris Monsieur Pepion. Als französischer Major hatte er mir während des Krieges meine Wohnung beschlagnahmt. Weil wir aber beide Fußballer waren, wurden wir Freunde. Monsieur Pepion spielte bei Racing Paris und wir haben uns immer mal wieder gegenseitig besucht.

Was für eine Aufgabe: „Meine" Mannschaft des Jahrhunderts aufzustellen! Ich frage mich stolz, wie ich es anstellen solle, und will nach einer schlaflosen Nacht schon aufgeben.

Namen, Namen, die ersten elf Namen fallen spontan, aber elf Namen sind noch keine Mannschaft. Aber meine Elf soll auch keine Mannschaft werden, sie wird nie spielen. Es ist eine virtuelle Aufstellung, passt in die Zeit, beim Fußballfernsehen ist jetzt auch virtuelle Werbung erlaubt.

Mit den Namen fallen Erinnerungen. Ich bin halb so alt wie mein Verein, habe seit den fünfziger Jahren hunderte, über tausend Spieler gesehen, gefeiert und ausgepfiffen, verehrt und verhöhnt. Und die Mannschaftsaufstellungen sind nicht zu zählen, die ich mir gemacht habe, mit Mensch-ärgere-dich-nicht-Männchen und mit Tip-Kick, Kinderspiele...

Mit dieser Mannschaft startete der 1. FCK 1963 in die erste Bundesliga-Saison.

[1959] Der FCK belegt in der Spielzeit 58/59 nur den dritten Platz und versinkt in den folgenden Jahren im Mittelmaß der Oberliga Südwest.

Juni
Fritz Walter macht sein Abschiedsspiel auf dem Betzenberg. Vor 18.000 Zuschauern schlägt „sein" FCK Stade Reims mit 4:2.

15. November
Randale auf dem Betzenberg nach einer umstrittenen Elfmeterentscheidung im Spiel gegen den FKP (1:2): Fritz Walter und Karl Schmidt erhalten als Zuschauer(!) eine vier- bzw. zweiwöchige Platzsperre wegen Schiedsrichterbeleidigung.

[1960] Dr. Karl-Heinz Brinkop wird neuer FCK-Präsident.

Der neue Präsident mit Werner Liebrich

Und dabei ist das gar kein Kinderspiel, es ist ernst. Du musst nur einmal in Lautern die Diskussionen der Pensionäre verfolgen, die am ehemaligen Hertie-Eck stehen und die FCK-Mannschaft stellen; geballte Experten, die nach dem Spiel genau wissen, was im Spiel verkehrt war, was sie vor dem Spiel und überhaupt immer schon gesagt hätten. Ich drücke mich um meine Mannschaftsaufstellung nicht länger. Im Tor mit der Nummer eins: Ronnie Hellström. Er war exzellent und er war höchst sympathisch. Ältere würden wohl Karl Adam nennen, er hat aufgehört, als ich ein Jahr war, ich kann mich nicht erinnern, und ihn als Ersatztorwart zu nominieren, wäre ungerecht. Ersatztorwart? Wolfgang Schnarr, weil er besser war, als wir damals meinten. Aber habe ich eine Ersatzbank? Wenn, dann wäre die so lang wie die Außenlinie. Ich muss mich entscheiden. „Fußball wird im Kopf entschieden“, sagt

Emil Schulz

Emil Schulz wird zum ersten Mal deutscher Amateurboxmeister im Mittelgewicht. Er wiederholt diesen Erfolg bis 1964 fünf Mal.

November
Angesichts der rasanten sportlichen Talfahrt des FCK greift Fritz Walter ein: Mit Einverständnis der Vereinsgremien und des Trainers bestimmt künfig er allein die Mannschaftsaufstellung. Am Ende der Saison reicht es noch für Platz 4.

[1961] Richard Schneider, der erfolgreichste FCK-Trainer aller Zeiten, verlässt den Verein. Günther Brocker, vormals Schalke 04, übernimmt die sportliche Leitung.

Richard Schneider

Hans-Peter Briegel (links) war eine der herausragenden Spielerpersönlichkeiten

man. Meine Mannschaft wird mit dem Bauch und mit dem Herzen aufgestellt. Man sagt auch: „Der Star ist die Mannschaft." Das ist Quatsch, Fußball braucht Typen und Charaktere, Temperamente, Individualisten. Dass daraus doch ein Team wird, ist die Arbeit des Trainers. Als Mannschaftsaufsteller spiele ich auch nicht taktisch, meine Sozialisation in der Fußballkurve habe ich auch erhalten, als noch elf Spieler aufliefen und taktische Auswechslungen unmöglich waren, als es noch Verteidiger, Läufer und Stürmer gab und keinen Libero mit Assistenten und hängende Spitzen oder so.

Meine Abwehr des Jahrhunderts: Werner Liebrich fällt mir als Erster ein, dann Hans-Peter Briegel, dann Werner Kohlmeyer. Gegen diese urpfälzische Wand ist die Chinesische Mauer ein Zaun. Da ließe sich ein Ulf Kirsten erst gar nicht in der gegnerischen Hälfte blicken. Und wenn einer von den Dreien nicht spielen könnte, zögen wir diese eisenharte Wand ein: Otto Rehhagel, Uwe Klimaschefski, Willi Wrenger. Und den eleganten wie intelligenten Verteidiger Karl Schmidt aus der Walter-Elf und der Nationalmannschaft, der heute als Schatzmeister die Kasse des Deutschen Fußball-Bundes verwaltet. Im Mittelfeld habe ich allein elf Spieler zur Auswahl. Ich entscheide mich für Horst Eckel, dessen Kondition heute noch ein Wunder ist, für Ciriaco Sforza, der mit Raffinesse und cool agiert, und für Andy Brehme, der ökonomisch und effizient spielte und zu seiner besten Zeit einer der besten der Welt war (am Abstieg war er auch schuld, ist verziehen). Mario Basler werde ich für Standardsituationen einsetzen. Jürgen Neumann und Rainer Geye stehen auf meiner ewigen Bestenliste, und für Franco Foda und Markus Schupp hatte ich stets ein Faible. Aber, so sind die Regeln, Freunde, mehr als elf dürfen nicht auf dem Feld sein.

Der Angriff, der Sturm. Was für ein Angebot fürs Aufgebot. Fritz Walter, natürlich, und Ottmar Walter, keine Frage. Youri Djorkaeff ist aus dem aktuellen Team dabei, seine Genialität kann ich nur mit Fritz Walter vergleichen. Co Prins, der allererste Star mit allen Allüren, der im lieben Lautern Furore und Randale machte, ist im Fußballhimmel und hat seinen Platz auf dem virtuellen Rasen. Roland Sandberg spielt ganz vorne. Und da sind's schon elf, dabei fehlen mir noch Stefan Kuntz, Klaus Toppmöller, Atze Friedrich, auch Helmut Kapitulski und Werner Baßler, die Baas aus den legendären Fünfzigern. Meine Jahrhundert-Mannschaft ist komplett. Die Jahrhundert-Trainer Karl-Heinz Feldkamp und Otto Rehhagel schmieden sie zum Team. Und wenn ich noch das Schiedsrichter-Team bestimmen dürfte: Albert Dusch, Dr. Markus Merk und Rudi Schmitt.

Walter Schumacher
(Der Journalist aus Kaiserslautern ist heute Sprecher der rheinland-pfälzischen Landesregierung.)

13. September
Zum ersten Mal in der Vereinsgeschichte steht der FCK im Finale um den DFB-Pokal, bezieht aber in Gelsenkirchen vor nur 8.000 Zuschauern eine 0:2-Niederlage gegen Werder Bremen.

[1962] Die Journalisten wählen **Albert Dusch** zum besten Schiedsrichter bei der Fußballweltmeisterschaft in Chile. Insgesamt bringt es die FCK-Schiedsrichterlegende auf 24 Länderspieleinsätze an der Pfeife.

[1963] Gerade noch rechtzeitig ist der FCK wieder da: In der Spielzeit 1962/63 wird die Mannschaft letzter Meister der Oberliga Südwest und schafft damit die Aufnahme in die Bundesliga.

Sommer
Das Stadion ist eine Großbaustelle. Mit tatkräftiger Unterstützung der Amerikaner wird die Südtribüne gebaut, die Westkurve erhöht und somit das Fassungsvermögen auf 34.000 erhöht.

August
Mit diesem Aufgebot geht der FCK in die erste Bundesligasaison: Trainer Brocker, Mangold, Prins, Reitgaßl, Gawletta, Schneider, Neumann, Pulter,

„Einen Bänderriss gab's doch früher gar nicht"

Wenn der 1. FCK in diesem Jahr seinen 100. Geburtstag feiert, stehen nicht nur die aktuellen Stars wie Sforza, Djorkaeff und Basler im Mittelpunkt, sondern vor allem auch die Helden früherer Tage wie Fritz Walter, Horst Eckel und Ernst Liebrich. Was verbinden Sie mit diesen Namen?
Basler: Fritz Walter ist für jeden, der einmal Fußball gespielt hat, ein Begriff. Was er erreicht hat, wird unvergessen bleiben. Dieser Mann hat es verdient, dass unser Stadion seinen Namen trägt. Ernst Liebrich, der mir natürlich vom Namen auch ein Begriff war, habe ich kürzlich getroffen.

Sind die verschiedenen Spieler-Generationen überhaupt vergleichbar?
Basler: Das ist unmöglich. Ausrüstung, Schuhe, medizinische Betreuung: das alles hat sich in den letzten Jahrzehnten dramatisch verändert. Der Fußball ist heute sicher kraftvoller und athletischer. Einen Bänderriss gab's doch früher überhaupt nicht. Aber so ist der Lauf der Zeit. Autos hatten früher auch keinen Airbag.

Der Fußball boomt, trotzdem scheint die Faszination bei Kindern längst nicht mehr so ausgeprägt zu sein wie zu Ihrer oder der Zeit von Fritz Walter. Woran liegt das?
Basler: Die Jugendlichen haben heute viel mehr Alternativen und Möglichkeiten, die Freizeitangebote sind mittlerweile fast nicht mehr überschaubar. Für uns gab es damals Schule, Bolzplatz und danach Hausaufgaben. Mit fünf Jahren habe ich bereits beim VfL Neustadt angefangen Fußball zu spielen. Da kaufen sich die Kids heute ihre erste Playstation. Als ich mit meinem Vater früher auf den Betzenberg gefahren bin, wusste ich, dass ich eines Tages auch in dieser sensationellen Atmosphäre spielen will. Ich wollte, dass mich die Leute so bewundern wie ich damals die Spieler bewundert habe. Heute kann ich behaupten, dass dieser Jugendtraum in Erfüllung gegangen ist.

Wurden Sie von Ihren Eltern unterstützt?
Basler: Ich habe immer eine große Unterstützung erfahren. Als ich mit 16 Jahren zur A-Jugend des FCK kam, war ich natürlich auch auf meine Eltern

Mario Basler, in Neustadt geboren, ist neben Axel Roos und Marco Reich der einzige Spieler aus der Region im aktuellen Kader des 1. FC Kaiserslautern. Im Januar 2000 kehrte der Ex-Nationalspieler nach mehr als zehn Jahren auf den Betzenberg zurück.
Das Gespräch mit Basler führte Dirk Leibfried.

1900 1910 1920 1930 1940 1950 1960 1970 1980 1990 2000

Kostrewa, Richter, Diehl, Bauer, Kiefhaber, Strich, Schnarr, Schönborn, Meier.

Mit **Co Prins**, der von Ajax Amsterdam gekommen ist, spielt einer der ersten Ausländer der Bundesliga beim FCK.

24. August
Der FCK bestreitet sein erstes Bundesligaspiel in Frankfurt gegen die Eintracht. **Jürgen Neumann** schießt beim 1:1 das erste Bundesligator für die Lauterer.

31. August
Das erste Heimspiel im neuen Stadion gegen Schalke 04 geht vor 34.000 Zuschauern mit 2:3 verloren.

18. Dezember
Mit einem Spiel gegen Wormatia Worms wird die neu errichtete Flutlichtanlage eingeweiht.

[1964] Der Boxer Emil Schulz krönt seine Laufbahn mit dem Gewinn der Silbermedaille bei den Olympischen Spielen in Tokio. Karl Mildenberger wird Europameister im Schwergewicht und behält den Titel bis 1968.

7. November
Beim Spiel gegen den 1. FC Köln wird auf der Südtribüne ein Zuschauer an einer Absperrkette zu Tode gedrückt.

angewiesen. Entweder ich wurde gefahren oder ich kam mit dem Zug nach Lautern.

Warum sind Sie damals nicht beim 1. FCK geblieben, sondern zu RW Essen in die Zweite Liga gewechselt?

Basler: Ich war ja beim 1. FCK ein Jahr lang Vertragsamateur, aber es hat damals einfach nicht gepasst. Die vier Jahre in der Zweiten Liga möchte ich nicht missen. Ich habe viel dazugelernt, die Zeit hat mich weitergebracht. Ich wäre auch gerne schon früher nach Kaiserslautern zurück gekehrt, aber ich habe vorher nicht die Möglichkeit dazu bekommen.

Hat Sie nie das Ausland gereizt?

Basler: Klar. Ich hatte auch ein sehr gutes Angebot aus Italien, nachdem klar war, dass ich Bremen verlassen würde. Das hat sich aber leider zerschlagen, weil Werder eine zu hohe Ablösesumme verlangt hatte.

Sie sind dann zu den Bayern. Was unterscheidet die Münchner vom 1. FCK?

Basler: Bayern München ist mit keinem anderen Verein in Deutschland zu vergleichen. Man würde damit auch dem 1. FCK nicht gerecht werden. Bayern ist die unumstrittene Nummer Eins und an die wird auch niemand rankommen.

„Super-Mario" in seinem Element

Zwischen ihrer Zeit als Vertragsamateur und der Rückkehr sind mehr als zehn Jahre vergangen. Was fiel Ihnen beim Wiedersehen besonders auf?

Basler: Der Verein hat eine sensationelle Entwicklung hinter sich. In jeder Hinsicht. Das Stadion ist phänomenal, es gibt neue Führungsstrukturen im Verein, es hat sich einiges bewegt. Es macht Spaß, für diesen Verein zu arbeiten.

[1965] Acht Spieltage vor Ende der Saison 1964/65 muss Günther Brocker gehen. Werner Liebrich übernimmt die Mannschaft für den Rest der Spielzeit.

Nach dem Rücktritt von Präsidium und Verwaltungsrat übernimmt **Hans Adolff** zum zweiten Mal nach 1957 das Amt des FCK-Präsidenten und behält es bis 1970. Der Verein ernennt den Direktor der Kammgarnspinnerei auf Grund seiner außergewöhnlichen Verdienste zum Ehrenmitglied und später zum Ehrenvorsitzenden.

15. Mai
Durch einen 2:1-Sieg in Frankfurt rettet sich der FCK in letzter Sekunde vor dem Abstieg.

Uta Hemprich wird Deutsche Hallenmeisterin über 400 m in 57,7 Sekunden.

Für die neue Saison verpflichtet der FCK den Ungarn **Gyula Lorant** als Trainer. Lorant war Mitglied der ungarischen WM-Endspielelf von 1954.

[1966] In Kaiserslautern und Umgebung leben viele portugiesische Gastarbeiter, die untereinander Kontakt und auch Sport-

Mario Basler

Auch der Fußball insgesamt hat sich rasant entwickelt. Wo sehen Sie die größten Unterschiede als Spieler?

Basler: Für viele Menschen ist Fußball fast schon das Wichtigste auf der Welt. Es gibt keine Sportart, die eine größere Faszination hat. Deswegen sind heute auch bei einem Turnier nicht mehr fünf Journalisten und ein Kamerateam, sondern 300 Journalisten und 50 Kamerateams vor Ort. Vor allem die Verpflichtungen außerhalb des Platzes wie Autogrammstunden und Sponsorenbesuche haben sich drastisch erhöht. Die Belastung steigt und wir verbringen immer weniger Zeit mit unseren Familien. Ich will mich nicht beklagen: Der Beruf wird entsprechend honoriert.

Apropos Geld. Sind die gezahlten Summen noch gerechtfertigt?

Basler: Natürlich haben sich auch die finanziellen Dimensionen verändert. Heute werden ganz andere Summen an Werbe- und Fernsehgeldern eingenommen. Diese Entwicklung ist sowohl für die Vereine als auch für die Spieler sensationell. Aber natürlich werden wir immer an unseren Gehältern gemessen. Jeder Fan hat das Recht zu schimpfen und zu pfeifen, aber kein Mensch verdient so viel Geld, dass er sich pausenlos beleidigen lassen muss, wie das bei manchen Vereinen unlängst der Fall war. Die Medien schüren diesen Neid auf die Spieler noch zusätzlich, während die Fans in Italien und Spanien stolz auf ihre Stars sind. Dabei versuchen alle immer ihr Bestes zu geben. Aber so wie jeder andere Arbeiter und Angestellte hat der Fußballer auch mal einen schlechten Tag.

Mario Basler als Vertrags-Amateur 1989

Drehen nicht auch die Spielerberater gewaltig an der Gehaltsspirale mit?

Basler: Diese Entwicklung ist ganz extrem. Wenn ein 16-jähriger Spieler mit einem Monatsgehalt von 30.000 Mark von Schalke weggelockt wird, kann man diese Entwicklung nicht mehr unterstützen. Ich habe meinen ersten Vertrag alleine ausgehandelt und sehe auch gar keine Notwendigkeit für einen A-Jugendspieler, sich einen Berater zu holen. Aber in der Praxis ist es nun mal so: Wer das meiste bezahlt, bekommt den Spieler. Andere Argumente zählen kaum noch. Aber natürlich darf man die Gehälter auch nicht mit denen von früher vergleichen, als noch 15.000 Zuschauer auf den Betzenberg kamen. Fußball ist heute große TV-Unterhaltung mit Einschaltquoten, die höchstens noch von „Wetten, dass..." erreicht werden. Aber das ganze Leben hat sich doch in diese Richtung verändert. Früher hatte ich ganz normale Schuhe an, heute fordern die Kinder Nike- oder Adidas-Schuhe.

möglichkeiten suchen. Der FCK trägt dem Rechnung durch die Gründung der Abteilung „FCK-Portugiesen".

23. April
Beim Spiel gegen Bayern München (1:2) werden drei Platzverweise gegen den FCK ausgesprochen (Neumann, Klimaschewski und Wrenger). Das Image von der „Kloppertruppe" entsteht.

6. August
Zum Saisonauftakt empfängt der FCK den neuen Europapokalsieger der Pokalsieger West Ham United. Die Engländer treten mit den frisch gebackenen Weltmeistern Bobby Moore, Geoff Hurst und Martin Peters auf dem Betzenberg an.

Otto Rehhagel kommt von Hertha BSC. Der FCK erreicht in der Saison 66/67 mit dem 5. Platz seine bis dahin beste Platzierung.

10. September

Karl Mildenberger wird in Kaiserslautern begeistert empfangen.

Karl Mildenberger boxt in Frankfurt gegen Cassius Clay. Über 12 Runden bietet er dem „Größten" einen tapferen Kampf, bevor der Ringrichter abbricht.

9
19
KAISERSLAUTERN

WAGNER
8
KAISERSLAUTERN

Kultstätte Betzenberg

Fußball ist in der Pfalz ein Lebensgefühl

Der Betzenberg – bei allen Gegnern seit Jahren gefürchtet

„Kaiserslautern ist tiefste Provinz", giftete Bayern-Coach Jupp Heynckes im März 1991 mit glühender Birne nach der Niederlage auf dem Betzenberg. Sein Manager Uli Hoeneß stieß in das gleich Horn: „Die können nur Ecken schießen und einwerfen." Für die heimischen Fans übersetzte Manni Schwabl die Tiraden ins Bayrische: „Oa Mannschaft, dia nua tratn, boaißn uan kroatzn kua, oiß Toabällnfüara - oa Oamuatszoagnis füa d'Ligoa."

Ein Vierteljahr später hielten die Lauterer die Meisterschale hoch. Die alternative „taz" sah in der Meisterschaft des 1. FC Kaiserslautern 1991 die letzte große Auflehnung gegen die Tyrannei des Kommerzes im Fußball. „Der Betzenberg ward zum Symbol des Widerstands der Gedemütigten und Beleidigten gegen die Anmaßungen der Reichen und Mächtigen."

Fußball ist in der Pfalz kein Konsumgut, sondern ein Lebensgefühl. Hier ist Fußball noch tragisch und komisch, nicht show and fun. Denn, so Rudi Michel einmal in der „FAZ": „Nirgendwo wird heftiger und lauter gestritten, direkter diskutiert, emotionaler geurteilt, spontaner gelobt, aber auch schneller verdammt als unter Pfälzern."

1900
1910
1920
1930
1940
1950
1960
1970
1980
1990
2000

[1967] Für die Saison 67/68 wird Otto Knefler als Trainer verpflichtet. Aber bereits nach dem 24. Spiel wird er schon wieder abgelöst von Egon Piechaczek.

Egon Piechaczek

Otto Knefler

2. Dezember

Lothar Stengel erringt die Europameisterschaft im Halbschwergewicht durch einen Sieg gegen den Italiener Del Papa. Seit Anfang der 60er Jahre hat Stengel 124 Kämpfe für die FCK-Boxamateure bestritten.

[1968] Jürgen „Atze" Friedrich wechselt zum FCK.

[1969] Gyula Lorant beginnt in der Saison 69/70 sein zweites Engagement als Trainer in Kaiserslautern.

[1970] Die FCK-Portugiesen werden Deutscher Meister der in Deutschland spielenden portugiesischen Mannschaften.

Horst Schiebe siegt bei den deutschen Hallenmeisterschaften über 50 m mit 5,7 Sekunden.

Rückblende: Als die Mannschaft des 1. FCK im Juli 1996, wenige Wochen nach dem Abstieg, das Training wieder aufnahm, standen sie zu Hunderten draußen am Zaun, um die Spieler aufzumuntern. In der Stunde der größten Schmach lösten rund 25.000 Menschen ein Saison-Ticket, knapp 6.000 neue Mitglieder wurden seither registriert. Erfolg und Misserfolg werden gleichermaßen eingemeindet, vereinnahmt von Menschen, die in einem Gebiet leben, das von der Geschichte nicht verwöhnt, strukturell vernachlässigt wurde und immer ein wenig im Abseits stand. Otto Rehhagel hat es einmal treffend formuliert: „Wenn die Leute in der Pfalz auf ein Amt müssen, sagen sie: ‚Ich bin verheiratet, hab' zwei Kinder und den FCK.'"

Menschen aus den entlegensten Winkeln des Westerwaldes im Norden bis hinunter in den Süden an die französische Grenze identifizieren sich mit dem 1. FC Kaiserslautern, pilgern im 14-Tages-Rhythmus zu ihrem „Betze", wie sie auch Jahre nach der Umbenennung das Fritz-Walter-Stadion liebevoll nennen.

Die dramatischen Höhepunkte der neueren Geschichte des 1. FCK wie das unglückliche Ausscheiden gegen den FC Barcelona im Europapokal der Landesmeister oder der tragische Abschied aus der höchsten deutschen Fußballklasse nagten am

Die Fans feiern ihre Meister 1998.

Seelenfrieden einer Region, deren Herz im Zweimal-fünfundvierzig-Minuten-Takt schlägt. Wohl nirgendwo in Deutschland haben die Fans mehr Tränen in den letzten Jahren vergossen als in Kaiserslautern. Selbst nach den Titelgewinnen 1991 und 1998 oder dem legendären 5:0 über Real Madrid war vielen Fans der Blick aufs Spielfeld für kurze Zeit getrübt. Tränen lügen bekanntlich nicht.

„Doch es sind nicht die Highlights allein", so die „taz", „die den FCK von der Masse der verwechsel-

März
Der Schuhfabrikant **Willi Müller** aus Waldfischbach wird als Nachfolger von Hans Adolff zum Präsidenten gewählt. Durch sein Engagement hilft er dem FCK aus einer finanziellen Krise.

5. Juni
Die neu gegründete Damen-Mannschaft bestreitet ihr erstes Training. 1978 wird die Abteilung aufgelöst.

Diese Karikatur zierte die Einladungskarte Fritz Walters zu seinem 50. Geburtstag.

31. Oktober
Fritz Walter feiert seinen 50. Geburtstag und erhält vor dem Spiel gegen Köln von Ministerpräsident Helmut Kohl das Verdienstkreuz des Verdienstordens der Bundesrepublik Deutschland.

[1971]

März
Dietrich Weise löst nach dem 23. Spieltag Lorant als Trainer ab.

[1972]

Otto Rehhagel beendet seine Spielerkarriere und wird Trainer beim 1. FC Saarbrücken.

Der FCK und die TSG 1861 bilden eine Leichtathletikgemeinschaft. 1978 werden sich auch die VfR-Leichtathleten anschließen.

und austauschbaren Vereine abheben. Es ist eine Synthese von Fußball und Dasein, Spiel und Leben, eine tiefere Wahrheit als die der Punkte, Zuschauerzahlen und Ablösesummen."

Damit dies so bleibt, haben die Verantwortlichen schon frühzeitig einer wie auch immer gearteten Umwandlung in eine Aktiengesellschaft eine klare Absage erteilt. Vorerst. Der 1. FCK will seine Ursprünglichkeit und seinen Gemeinschaftssinn nicht dem cash-flow opfern. Dass dies längst keine Absage an professionelle Strukturen bedeuten muss, beweist der Management-Aufbau des mittlerweile 90 Millionen Mark umsetzenden „Unternehmens". Als in Deutschland vorbildlich gilt der klare und transparente Aufbau mit derzeit zwei hauptamtlichen Vorstandsmitgliedern sowie einem Aufsichtsrat als Kontrollorgan. In vielen Bereichen war und ist der 1. FCK Vorreiter. Und das soll nicht nur sportlich auch in Zukunft so bleiben.

Mag sein, dass auch die Fan-Kultur in Kaiserslautern in den nächsten Jahren einer Zäsur unterworfen wird. Bislang haben sich die Anhänger zwar erfolgreich gegen die Einsicht, Fußball sei nur noch ein großes Geschäft, gewehrt. Doch als Oase der Glückseligkeit kann sich die 100.000-Einwohner-Stadt im Herzen des Pfälzerwaldes wohl nicht auf Dauer verteidigen. „The show must go on!", aber nicht um jeden Preis. Und wenn der 1. FCK wirklich irgendwann einmal an die Börse gehen muss, um konkurrenzfähig zu bleiben, dann werden die Aktien wohl nicht bei der Bank, sondern im Fanshop verkauft. Und sei es nur, um den Bayern wieder einmal zu zeigen, was eine Harke ist.

Dirk Leibfried

1900 1910 1920 1930 1940 1950 1960 1970 1980 1990 2000

Juni
Die alte Holztribüne an der Nordseite des Spielfelds wird abgerissen und bis August durch einen Neubau ersetzt. Das Stadion bietet anschließend 18.000 überdachte Plätze bei einem Fassungsvermögen von 38.000 Zuschauern insgesamt.

1. Juli
Der FCK wird deutscher Pokalvizemeister. Bei der zweiten Endspielteilnahme gibt es die zweite Niederlage, diesmal in Hannover gegen Schalke 04 mit

0:5 (0:2). Dennoch ist die Mannschaft für den UEFA-Cup qualifiziert.

Sommer

Hermann Bitz nimmt als Mitglied der deutschen Amateur-Nationalmannschaft an den Olympischen Spielen in München teil. Insgesamt bringt es der FCK-Fußballer auf 23 Einsätze in der Amateurauswahl.

13. September
Der erste Auftritt des FCK in einem europäischen Wettbewerb. Zwar geht das Spiel auf der Insel gegen Stoke City mit 3:1 verloren, aber mit einem

1931: Torwart Gebhardt („Schnaz“) und Conrad („Lumbe“) im Abwehrkampf

FRIENDSHIP 18
FOREVER
Biffar
Biffar
WIR GRATULIEREN DEM

10. Mai 1998: Meistertrainer Otto Rehhagel

Leben und Leiden in Rot-Weiß

Ein feines Gespür für ehrliche Arbeit

Sie gelten als die besten Fans der Liga, eng verkettet mit dem Verein und seinen Spielern, „kritisch zum eigenen Team, fair zum Gegner", wie es in der Begründung zur Wahl von DFB und SAT.1 zum „besten Publikum der Liga" 1995 hieß. FCK-Fan zu sein ist mehr als 90 Minuten Daumenhalten und Tore bejubeln, es ist ein Lebensgefühl, ja, für manche sogar eine Ersatz-Religion. „Der Club und sein Stadion sind Symbole für Progressivität und Aufschwung, wo ansonsten Stagnation und Niedergang vorherrschen", hat der Autor Dietrich Schulze-Marmeling einmal geurteilt. Vielleicht ist so auch zu verstehen, warum in Kaiserslautern, anders als in den meisten deutschen Städten, Arbeitslosigkeit und die Verödung der Innenstadt als Gespächsstoff wenig taugen. Zweimal im Monat ist Kaiserslautern Hauptstadt des Fußball-Südwesten, was kümmern einen im Vergleich dazu die kommunalpolitischen und strukturellen Probleme der Barbarossastadt.

Nein, zweimal im Monat ist „Betze" angesagt - und in den 14 Tagen dazwischen ebenfalls. Es ist nicht so, dass die Fans des 1. FC Kaiserslautern ihre Seele verkauft hätten, aber nirgendwo sonst fühlen sich Verein und Anhänger enger verbunden als in Kaiserslautern. Auswärtsspiele werden zu Pilgerfahrten umfunktioniert, Heimspiele sind längst Kultveranstaltungen. Und wer sich als „Auswärtiger" auf den Parkplätzen rund ums Stadion einmal genauer umschaut, der wird in Unkenntnis der geographischen Verhältnisse nur staunend feststellen: „So groß ist die Pfalz?!"

Apropos Heimspiele: Wenn andernorts von attraktiven Rahmenprogrammen die Rede ist und es Auftritten von Go-Go-Tänzerinnen bedarf, um die Fans in Schwung zu bringen, dann kann der FCK-Fan nur müde lächeln. Für das „Drumherum" bei den Spielen des 1. FC Kaiserslautern sind die durchschnittlich 40.000 Zuschauer im Fritz-Walter-Stadion zuständig, da lassen sich Ost- wie Westkurvenbesucher nicht reinreden. Vorschreiben lassen sie sich schon gar nichts. Und wenn es unten auf dem Rasen nicht allzuviel zu beklatschen gibt oder die Partie längst entschieden ist, dann feiern sich die Fans des 1. FCK eben selbst. „Steht auf, wenn Ihr Lautrer seid", hat auf der Beliebtheitsskala choraler Fan-Gesänge längst die Spitzenposition übernommen, selbst „La Ola" hechelt nur noch schnaufend hinterher.

Bei aller Begeisterung für ihren 1. FCK haben sich die Fans bis heute ein feines Gespür dafür erhalten, was sie in den 90 Minuten auf dem grünen Rasen

1900 1910 1920 1930 1940 1950 1960 1970 1980 1990 2000

4:0 im Rückspiel kommt der FCK in die nächste Runde und scheitert erst im Viertelfinale gegen Mönchengladbach.

1973

Juni
Dietrich Weise wird vor dem letzten Saisonspiel suspendiert, weil er für die neue Spielzeit bei Eintracht Frankfurt unterschrieben hat. Im letzten Spiel betreut Gerd Schneider die Mannschaft.

Im Endspiel um die Deutsche Amateur-Meisterschaft verliert der 1. FCK unglücklich mit 0:1 gegen den SV Bad Homburg.

Erich Ribbeck ist der neue FCK-Trainer. Der Schwede Roland Sandberg gehört in der neuen Saison zum Kader des FCK. Ein Beinbruch in einem Freundschaftsspiel beendet abrupt die Karriere von „Atze" Friedrich.

20. Oktober
FCK - Bayern München 7:4 (1:3). Niemand, der dieses Spiel gesehen hat, wird es je vergessen: Nach 36 Minuten führen die mit allen Stars angetretenen Bayern mit 3:0 und nach 57 Minuten mit 4: 1, bevor sich die Lauterer in einen wahren Spielrausch steigern und noch sechs Tore schießen. Der FCK spielt mit Elting, Huber, Diehl, Schwager, Fuchs, Toppmöller, Bitz, Laumen, Pirrung, Sandberg und Ackermann.

tatsächlich geboten bekommen. Das haben schon manche Trainer und Spieler am eigenen Leib zu spüren bekommen. Natürlich lieben auch die Anhänger des 1. FCK den genialen Pass, den Spielwitz und den Fallrückzieher. Aber wehe, ein Akteur, dem die Ehre zuteil wird, ein FCK-Dress tragen zu dürfen, setzt sich nicht hundertprozentig ein, fightet nicht bis zur letzten Minute: Dann ist in der Westkurve der Teufel los. Ein Handwerker, ein Malocher, der, auch wenn die Aktionen nicht immer elegant anmuten, ordentliche Arbeit abliefert, kann sich dagegen auf Anhieb in die Herzen der Fans spielen.

Der frühere Präsident Norbert Thines hat die große Fangemeinde einmal treffend beschrieben: „Müllmann und Staatsminister, Arbeitsloser und Bankdirektor, Pfälzer, Saarländer, Ausländer, Christ, Atheist, Moslem, Rollstuhlfahrer und Leistungssportler, Sponsor und Fanclub, Kind und Opa/Oma, Putzfrau, Student, Polizist, Winzer, Reich und Arm, Mitglied, Sympathisant und, und, und... Alle haben ihren Platz im Vereinsgefüge, finden ihre Akzeptanz, ein Stück ‚Kultur', da frei aus dem Volke kommend!"

In mehr als 300 Fanclubs haben sich in den letzten Jahren mehr als 11.000 Mitglieder organisiert. Sie organisieren Hilfskonvois nach Weißrussland, Bulgarien und Kroatien, sammeln Medikamente und Spendengelder für Hilfsbedürftige, engagieren sich für zuschauergerechte Stadien („Sitzen ist für'n Arsch", „Fans brauchen keine Zäune") und verteilen Aufkleber gegen Rassismus.

Schon zu Zeiten, als Jürgen Friedrich Präsident war, wurden die Fan-Clubs zur Mitarbeit eingeladen. Bis heute haben sich innerhalb der Fangruppen, die von sogenannten Fanbeiräten vertreten werden, Strukturen entwickelt, die wohl in der gesamten Bundesliga einmalig sind. Bereits vor Jahren wurde ein hauptamtlicher Fanbeauftragter eingestellt. Ein Beweis dafür, dass es beim 1. FCK nie bei „Absichtserklärungen" blieb, sondern der Fan als Diskussionspartner ernst genommen wird.

Dirk Leibfried

[1974] **Weltmeisterschaft**
Roland Sandberg und **Ronnie Hellström** spielen für Schweden in der Nationalmannschaft. Schon vor der WM hat der FCK Hellström verpflichtet, der zum besten Torhüter des Turniers avanciert.

[1975] Erich Ribbeck „entdeckt" Hans-Peter Briegel bei einem Dorffußballspiel und holt ihn zum FCK.

[1976] In der Saison 1975/76 schafft der FCK zum zweiten Mal die UEFA-Cup-Qualifikation, scheitert aber bereits in der zweiten Runde an Feyenoord Rotterdam.

26. Juni
Auch im dritten Anlauf kann der FCK den DFB-Pokal nicht gewinnen. Beim Finale in Frankfurt gegen den HSV unterliegt er mit 0:2.

1.FC
BETZI
DEUTSCHER

Olaf Marschall, Ciriaco Sforza und Ratinho

17

Tränen der Freude und der Enttäuschung

Bayern, Barcelona und jede Menge Endspiele

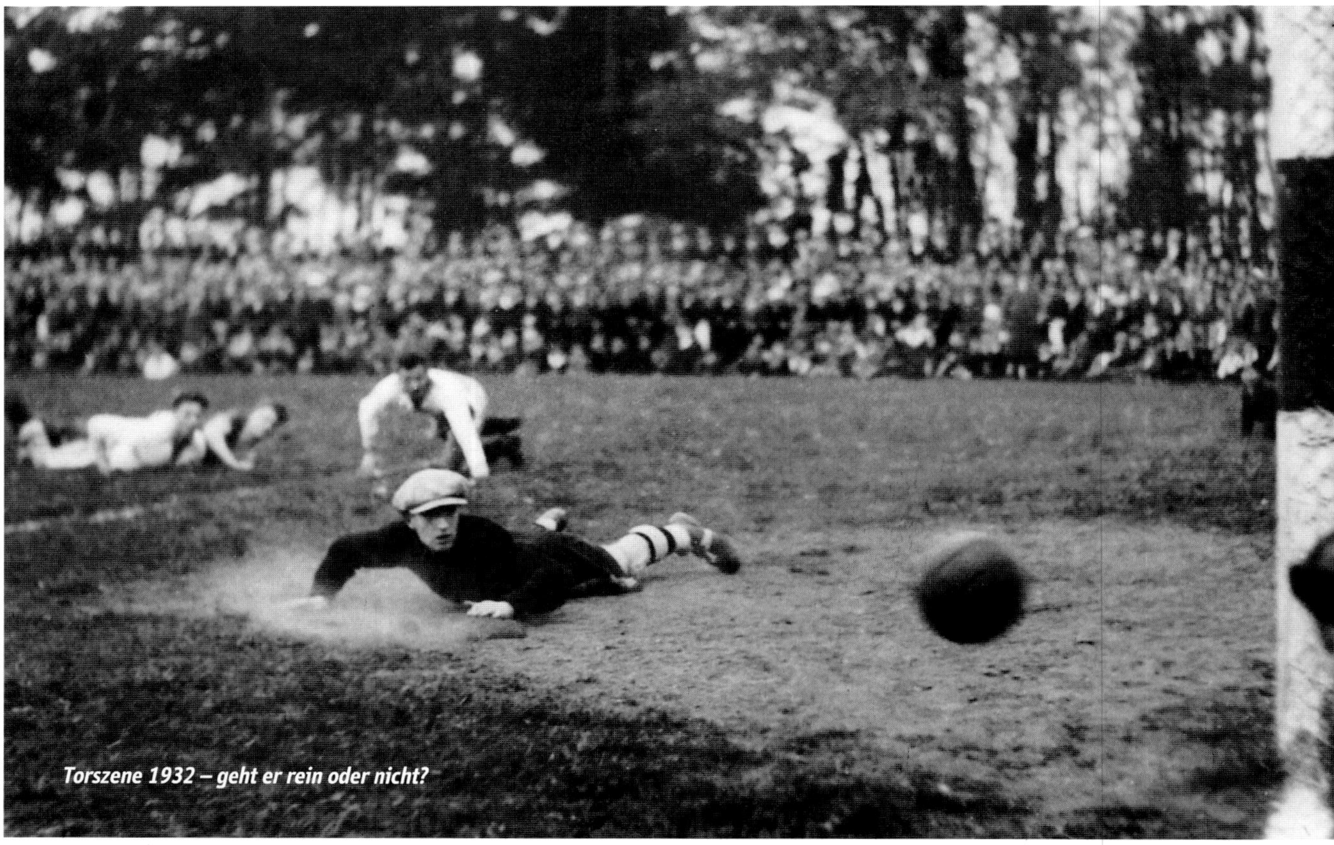

Torszene 1932 – geht er rein oder nicht?

1948: Es fehlte die Erfahrung
1951: Ottmar Walter mit Köpfchen
1953: „Fußball in Vollendung"
1954: Der WM-Vorbereitung Tribut gezollt
1973: Bayerns schlimmste Betzenberg-Packung
1982: Die Schmach der Königlichen
1991: Meisterfeier an den Rhein verlegt
1991: Der Albtraum hat einen Namen: Bakero
1998: Von Meppen in die Champions League

1900
1910
1920
1930
1940
1950
1960
1970
1980
1990
2000

27. November

Schiedsrichter Rudolf Frickel bricht die Partie gegen Fortuna Düsseldorf beim Stand von 0:1 in der 76. Minute ab, weil er sich nach einem Flaschenwurf bedroht fühlt. Die Bundesliga hat ihren ersten Spielabbruch und der FCK muss 8.000 DM Strafe bezahlen.

[1977]

7. März
In einer Kampfabstimmung wählt die Generalversammlung Jürgen Friedrich zum neuen Präsidenten.

Klaus Mainka wird in Göteborg Weltmeister mit der deutschen 4x400-Meter-Seniorenstaffel.

[1978]

Nach fünf Jahren in Kaiserslautern wechselt Erich Ribbeck zum DFB. Für ihn kommt Karl-Heinz Feldkamp.

16. September
Nach 16 Wochen Bauzeit wird die neue Osttribüne beim Heimspiel gegen den 1. FC Nürnberg dem Publikum vorgestellt. Für die ersten beiden Saisonheimspiele war man wie in alten Endrundenzeiten ins Ludwigshafener Südweststadion ausgewichen.

1948: Es fehlte die Erfahrung

Am 8. August 2000 ist es 52 Jahre her, dass der 1. FC Kaiserslautern erstmals in einem Endspiel um die Deutsche Meisterschaft stand. In Köln waren 75.000 Zuschauer Zeuge, wie der Rekordmeister 1. FC Nürnberg in seinem neunten Endspiel sich mit einem 2:1 (Tore: Winterstein, Pöschl - Eigentor Hans Uebelein) seine siebte Deutsche Meisterschaft auch deshalb holte, weil die junge „Walter-Elf" einfach noch zu grün, zu unerfahren war. Sie war erst am Anfang ihrer Blütezeit, aber immerhin schon mit vier späteren Weltmeistern (Fritz und Ottmar Walter, Kohlmeyer, Liebrich) bestückt.

Deutlicher als im Tor konnte der Kontrast gar nicht sein. Auf der einen Seite mit „Edi" Schaffer ein exzellenter und erfahrener Keeper, auf der Gegenseite mit Willi Hölz ein ganz junger Spund, gerade mal 18 Jahre alt. Einer konnte sein Glück gar nicht fassen: Hans Uebelein (sein Bruder war im Endspiel nicht im Einsatz) war vor dem Spiel bei einer Wahrsagerin, die hatte dem Franken einen Sieg und drei Club-Tore versprochen. Es trat auch alles ein, nur dass ausgerechnet Uebelein das dritte Club-Tor (Eigentor!) erzielte, war bestimmt nicht vorgesehen, aber Tatsache. Zu viele vergebene Torchancen waren neben der mangelnden Erfahrung der Grund für die erste Niederlage des 1. FCK in einem Endspiel.

Insgesamt kam der 1. FCK - inklusive Pokal - auf elf Endspielteilnahmen, dazu noch zwei Bundesligatitel (ab der Saison 1963/64 gab es keine Endspiele mehr). Für einen „100-jährigen Klub" eine sehr gute Bilanz, und auch auf Europa-Cup-Ebene marschiert man auf die 90 Spiele zu.

In Köln vertraten im ersten Endspiel der Roten Teufel folgende Spieler den Südwestmeister, der in 26 Punktspielen nur gegen den VfL Neustadt (0:2) verlor: Hölz - Huppert, Kohlmeyer - Klee, W. Liebrich, E. Liebrich - Grewenig, F. Walter, O. Walter, Baßler, Christmann. 48:4 Punkte holte man in der Oberliga Südwest, hatte dabei mit Ottmar Walter (43 Tore in 21 Spielen) einen überragenden Torjäger, dem aber Bruder Fritz (32/24) und Werner Baßler (29/24) kaum nachstanden.

Nach den Punktspielen - es kamen 18 Spieler zum Einsatz - wurde der SV Rastatt in zwei Spielen (3:0 und 6:1) bezwungen, und als Meister der Französischen Zone zog der 1. FC Kaiserslautern in die Endrunde um die Deutsche Meisterschaft ein. Mit 5:1 wurde im Viertelfinale der TSV 1860 München geschlagen. Mit dem selben Ergebnis wurde in Worms der ewige Rivale TuS Neuendorf nach Koblenz heim geschickt, bevor dann im ersten End-

29. September
Offizielle Stadioneinweihung nach dem Bau der Osttribüne und der Errichtung einer neuen Flutlichtanlage gegen Feyenoord Rotterdam.

[1979] Am Ende der ersten Saison unter der Leitung von Kalli Feldkamp belegt der FCK punktgleich mit dem VfB Stuttgart den dritten Tabellenplatz. Dies ist die bis dahin beste Platzierung in der Bundesliga.

[1980] In der Spielzeit 1979/80 wird der FCK erneut Dritter. Klaus Toppmöller verlässt nach acht Jahren den Verein. In 204 Bundesligaspielen schoss er 108 Tore.

Hans-Peter Briegel wird als Stammspieler der Fußballnationalmannschaft Europameister.

Klaus Mainka wird mit der 4 x 100 m-Staffel Senioreneuropameister und Vizemeister über 800 m.

[1981] **2. Mai**
Im DFB-Pokalendspiel gegen Eintracht Frankfurt im Stuttgarter Neckarstadion kassiert der FCK mit 1:3 die schon traditionelle Niederlage.

Landeskirchenrat Udo Sopp wird zum Präsidenten des FCK gewählt, nachdem Jürgen Friedrich nicht mehr antritt.

1951: Spielführer Fritz Walter wird von DFB-Präsident Dr. Peco Bauwens die Meisterschale überreicht.

spiel nach dem Zweiten Weltkrieg der 1. FC Nürnberg eine Nummer zu groß für den 1. FCK war. Max Morlock, Georg Kennemann, der spätere Bundesligacoach „Zapf“ Gebhardt und Torwart Edi Schaffer waren die bekanntesten Cluberer. „Wir holten zwölf Jahre nach der letzten Meisterschaft wieder einen Titel, dann hat es ja 20 Jahre gedauert. Es war schon ein Erlebnis, so kurz nach der Währungsreform, es hatte ja vier Jahre keinen Meister mehr gegeben. Unser Sieg war verdient, wir waren insgesamt wohl etwas abgebrühter als Kaiserslautern. Als Torwart hatte ich viel Arbeit“, erinnert sich der damalige Club-Torwart Schaffer noch heute an das Finale vor 52 Jahren.

1951: Ottmar Walter mit Köpfchen

Berlin war für den 1. FC Kaiserslautern fast immer eine Reise wert, denn in der Hauptstadt sahen die Pfälzer, egal ob in der Meisterschaft oder bei Pokal-Endspielen, immer gut aus. Sie kamen auch beim neutralen Publikum an. Selbst in den 90er Jahren hatten Kuntz und Co. noch einen „Walter-Elf-Bonus“, als es gegen den SV Werder Bremen und den Karlsruher SC um den „Pott“ ging.

100.000 Zuschauer sahen den 1. FC Kaiserslautern 1951, als die Pfälzer sich bei ihrer zweiten Finalteilnahme am 30. Juni mit 2:1 gegen den SC Preußen Münster behaupteten, der damals seinen „100.000 DM-Sturm“ aufbot. Aber „Fifi“ Felix Gerritzen und Co. konnten ihre 1:0-Führung, nach mäßiger erster Halbzeit durch Gerritzen selbst erzielt, nicht über die 90 Minuten bringen, denn da gab es ja noch die Walter-Brüder. Zweimal war Ottmar auf Vorarbeit von Bruder Fritz in der 61. und 74. Minute per Kopf zur Stelle und so sorgten sie für den bis dahin größten Tag des 1. FC Kaiserslautern.

Ein Jahr zuvor wurde von Richard Schneider das Traineramt beim FCK übernommen und der gebürtige Lauterer wurde zum erfolgreichsten Trainer in der nun 100-jährigen Vereinsgeschichte. Trotz Otto Rehhagel und Kalli Feldkamp, denn neben zwei Meistertiteln gab es auch noch sieben Südwest-

Andreas Brehme kommt zum FCK.

Der FCK-Boxer **Rainer Gies** gewinnt seine erste Deutsche Meisterschaft, die er bis 1989 verteidigt.

Joseph Schneider gewinnt im Mannschaftswettbewerb den Senioreneuropameistertitel im 10 km Straßenlauf.

[1982]

17. März
Der Betzenberg erlebt eines der sogenannten Jahrhundertspiele: Mit 5:0 wird Real Madrid im Viertelfinale des UEFA-Cups regelrecht deklassiert und das 1:3 aus dem Hinspiel eliminiert. In der Anfangsformation stehen: Hellström, Melzer, Wolf, Briegel, Brehme, Geye, Bongartz, Dusek, Eilenfeldt, Funkel und Hofeditz.

Am Ende der Saison 1981/82 verabschiedet sich Kalli Feldkamp vom Betzenberg. Mit dem 4. Tabellenplatz hat der FCK unter seiner Ägide in vier Jahren vier Mal den UEFA-Cup erreicht.

Klaus Mainka holt sich erneut einen Europameistertitel bei den Senioren: diesmal in Straßburg über 800 m.

Die Meister-Mannschaft von 1951

meisterschaften unter der Regie von Richard Schneider zu bejubeln. Schneider war am Endspieltag 1951 gerade mal 32 Jahre alt.

Zusammen mit Helmut Schön, dem späteren Bundestrainer, und dem Braunschweiger Meistermacher Helmut Johannsen hatte der Pfälzer an der Sporthochschule Köln seine Trainerlizenz unter Sepp Herberger erworben. Bis 1961 blieb Richard Schneider auf dem Betzenberg, führte dann Preußen Münster in die Bundesliga, konnte den Abstieg der Westfalen aber in der ersten Bundesligarunde 1963/64 nicht verhindern.

Nach überlegener Meisterschaft im Südwesten kam der FCK mit 9:3 Punkten ins Endspiel, jeweils sechs Tore hatten der junge Horst Eckel aus Vogelbach und Werner Baßler bis zum Endspiel beigesteuert. In Berlin kamen dann Adam, Rasch, Kohlmeyer, E. Liebrich, W. Liebrich, Jergens, Eckel, F. Walter, O. Walter, Baßler und Fuchs zu Meisterehren und zu einigen Tagen „Gratisurlaub" in ihren Firmen. Großartige Prämien gab es für die Spieler bei monatlichen Zuwendungen von rund 300 DM noch nicht. Matchwinner Ottmar Walter war ins 51er-Endspiel verletzt gegangen, hielt aber eisern durch

[1983] Die B-Jugend-Fußballer erringen durch einen 2:1-Finalsieg gegen Werder Bremen die Deutsche Meisterschaft.

März
Für den Nachfolger Feldkamps, **Rudi Kröner**, ist bereits nach 25 Spielen Feierabend auf dem Betzenberg. Ernst Diehl betreut die Mannschaft bis zum Saisonende.

14. September
Pop-Superstar Elton John besucht als Präsident des FC Watford anlässlich des UEFA-Cup-Spiels Kaiserslautern. In seiner Begleitung: Sir Stanley Rous, FIFA-Präsident von 1961 bis 1974. Zwar gewinnt der FCK mit 3:1, scheidet aber mit einem 0:3 im Rückspiel gleich in der ersten Runde aus.

Elton John mit FCK-Präsident Udo Sopp

Manfred Krafft

Oktober
Auch Dietrich Weises Rückkehr nach Kaiserslautern dauert nicht lange. Nach 11 Spielen ist endgültig Schluss. Für ein Spiel springt erneut Ernst Diehl in die Bresche, bevor Manfred Krafft die Mannschaft übernimmt.

und war der umjubelte Held bei der Heimkehr in die Pfalz. Dort erlebten die fünf späteren Weltmeister von Bern den ersten großen Empfang für eine erfolgreiche Meistermannschaft aus Kaiserslautern, die in den Anfängen der 50er Jahre den Deutschen Fußball beherrschte, obwohl sie von drei Endspielen als „Verlierer" heim kam.

Doppeltorschütze Ottmar Walter erinnert sich noch, als sei die Endrunde noch keine 49 Jahre her. „Ich war vor dem Finale verletzt, hatte einen Nerv eingeklemmt. Man wusste nicht, ob ich überhaupt noch einmal spielen konnte, deshalb habe ich auch nur drei der sechs Endrundenspiele mitgemacht. Aber alle haben mir vor dem Endspiel Mut zugesprochen. Da habe ich dann den Einsatz riskiert, denn Auswechslungen gab es damals ja noch nicht. Wir haben dann ja auch gewonnen. Ob die Elf besser war als '53, das kann man nicht sagen. Wir hatten auch in den Endspielen, die wir verloren, gute Spiele gezeigt. Wenn ich da an Nürnberg, Essen oder auch Hannover denke, obwohl wir da 1:5 verloren haben. Das hatte Gründe, denn unsere Beine waren schwer wie Blei. Wir Nationalspieler haben wegen der WM dreimal so viel trainiert. Nach dem 1:0 hatten wir Chancen vor der Pause noch drei oder vier Tore zu schießen, aber nach dem Ausgleich und dem Führungstor der Niedersachsen war es vorbei."

PETER ZÄNGRY

Erinnerungen

[1984] Ich besuchte natürlich nach wie vor die Spiele des 1. FC Kaiserslautern. Obwohl der Fußball mehr und mehr vom Kampf geprägt war und immer härter wurde, hatte ich eine Vorliebe für faire Spieler. Damals war ich ein Fan von Andreas Brehme, der nicht nur sauber spielte, sondern auch ein wirklich sympathischer Junge war. Aber natürlich wurde der Fußball im Vergleich zu meiner Zeit immer athletischer.

[1984] Nach 10 Jahren verabschiedet sich Ronnie Hellström vom Betzenberg. Hans-Peter Briegel wird aus wirtschaftlichen Gründen an Hellas Verona verkauft. Der FCK hat zwei Idole verloren.

Im Endspiel um die Deutsche A-Jugend-Meisterschaft unterliegt der 1. FCK dem VfB Stuttgart mit 1:3 nach Verlängerung.

Auflösung der Leichtathletikgemeinschaft mit der TSG.

[1985] **23. April**
„Atze" Friedrich übernimmt zum zweiten Mal das Zepter beim FCK, nachdem dieser sowohl sportlich als auch finanziell ins Schlingern geraten ist.

Mit **Hannes Bongartz** als Trainer startet der FCK in die Saison 1985/86. Aber bereits nach 15 Spielen wird er durch den ehemaligen FCK-Torhüter **Josef Stabel** abgelöst.

Mit Margret Kratz trägt 1985 in den Spielen gegen Norwegen und Finnland die erste und einzige Fußballerin des 1. FCK das Trikot der Deutschen Nationalmannschaft.

1953: „Fußball in Vollendung“

Berlin war 1953 für den 1. FC Kaiserslautern eine Endspielreise wert, denn die Mannschaft rauschte nicht nur mit 51:9 Punkten zur Oberliga-Meisterschaft (127:31 Tore), auch bei der Endrunde kam man ungeschlagen mit 11:1 Punkten ins Ziel und ins Finale gegen den VfB Stuttgart. Der hatte im Endspiel keine Chance gegen die Walter, Liebrich und Co., denn die Pfälzer spielten wohl ihren besten Fußball überhaupt. Fritz Walter traf im Endspiel genauso wie der Anfang 2000 verstorbene Karl Wanger, Willi Wenzel und Erwin Scheffler, der schon in der Oberliga in 30 Spielen stolze 24 Tore erzielt hatte. Nur Fritz Walter war erfolgreicher, wurde mit 38 Toren bester Schütze aller Oberligen.

Nur die beiden Saarbrücker Klubs 1. FC und Saar 05 konnten in der Punktserie den FCK schlagen. Holstein Kiel, Eintracht Frankfurt und der 1. FC Köln waren dann in der Endrunde ohne Chancen, genau wie der VfB Stuttgart im Berliner Endspiel.

Willi Hölz, Werner Kohlmeyer, Ernst Liebrich, Werner Liebrich, Otto Render (später Erfolgscoach beim SV Alsenborn), Horst Eckel, Fritz Walter, Ottmar Walter, Erwin Scheffler, Willi Wenzel und Karl Wanger blamierten den Deutschen Meister von 1952 nach Strich und Faden. Absolut ohne Chance wurden Bögelein, Schlienz, Retter, Barufka, Kronenbitter und Co. unter der Leitung von Schiedsrichter Ternieden (Oberhausen) vorgeführt.

„Vollendet gespielt“, schrieben nicht nur die Berliner Zeitungen einen Tag später. Auch in Kaiserslautern war die Begeisterung riesengroß. Der Empfang für die „Helden von Berlin“ war mehr als überschwenglich, einige nannten die Stadt nun „Waltershausen“, es hätte aber auch „Liebrichshausen“ heißen können. Denn trotz aller Tore der Walter-Brüder, ohne die gute Abwehrarbeit der Liebrichs, von „Kohli“ Kohlmeyer oder Willi Hölz wäre dieser Erfolg nicht möglich gewesen. „Man kann nicht sagen, das war die beste FCK-Mannschaft, die es bis dahin gab, da würden wir den anderen Teams von 1948 oder 1951 unrecht tun. Sicherlich war es aber eine ganz starke Truppe“, so Ottmar Walter rückblickend.

Rainer Gies wird Militärweltmeister im Boxen.

29. September
Das Bundesligaspiel gegen den VfL Bochum muss ausfallen, weil das Stadion Betzenberg baupolizeilich gesperrt ist: In einem Flutlichtmast auf der Osttribüne wurde ein Riss in einer Schweißnaht entdeckt.

2. November
Der FCK ehrt Fritz Walter anlässlich seines 65. Geburtstags am 31. Oktober auf besondere Weise: Das Stadion heißt jetzt „Fritz-Walter-Stadion“.

[1986] Andreas Brehme spielt in der neuen Saison 1986/87 für Bayern München.

Für fast neun Millionen Mark baut der FCK mit Zuschüssen von Stadt und Land eine neue Westtribüne und eine Rasenheizung. Baubeginn ist im April, die Einweihung am 16. August.

Die FCK-Portugiesen steigen nach der Meisterschaft in der C-Klasse Ost in die B-Klasse auf.

1. November
Beim 5:1 gegen Schalke 04 schießt Frank Hartmann alle fünf Tore.

[1987] Anke Henkel gewinnt die Deutsche Jugendhallenmeisterschaft im Hochsprung und wiederholt damit ihren Erfolg aus dem Vorjahr.

„Große Spiele" können zuweilen auch ganz persönlich und subjektiv entstehen: Nach überstandener Gelbsucht feiert am 25. Februar 1967 Helmut Kapitulski gegen 1860 München sein Comeback.

Bei den FCK-Handballern wird ein kompletter Neuaufbau erforderlich, da fast die gesamte 1. Herrenmannschaft nach Dansenberg abwandert.

[1988]

21. Mai
Erst durch einen 5:2-Sieg im letzten Spiel gegen Mönchengladbach rettet sich der FCK vor dem Abstieg. Unmittelbar nach dem Schlusspfiff gibt „Atze" Friedrich seinen Rücktritt bekannt.

6. Juni
Norbert Thines wird zum Präsidenten gewählt.

Oktober
Der FCK ehrt drei Sportler aus seinen Reihen, die bei den Olympischen Spielen in Seoul eine Bronze-Medaille gewonnen haben: die Fußballer Wolfram Wuttke und Michael Schulz sowie den Boxer Rainer Gies, der im Halbweltergewicht erfolgreich war.

[1989]

Am Ende der Saison muss Sepp Stabel gehen. Für ihn kommt **Gerd Roggensack** (Foto) als Trainer zu Beginn der Saison 1989/90. Stefan Kuntz wechselt von Bayer Uerdingen zum FCK.

Da war die Welt für die Bayern noch in Ordnung:
Gerd Müller erzielt das 4:1, am Ende stand es 7:4 für Kaiserslautern

oca-

1954: Der WM-Vorbereitung Tribut gezollt

Für Weltmeister Horst Eckel zählte die knallharte WM-Vorbereitung 1954 nicht als Alibi für die 1:5-Packung gegen Hannover 96 im Endspiel um die Deutsche Meisterschaft. „Wir waren in der ersten Halbzeit klar überlegen. Ich schoss auch in Hamburg früh das 1:0 (13.), aber wir vergaben hochkarätige Chancen und Hannover kam dann durch Tkotz zum 1:1-Pausenstand. Zwei Minuten nach Wiederanpfiff unterlief Werner Kohlmeyer ein Eigentor und in der Endphase kam Hannover in wenigen Minuten zum 5:1 durch Wewetzer (77.), Kruhl (81.) und Paetz (84.). Das war eine Sensation, denn wir waren klarer Favorit, aber so geht das manchmal im Fußball", denkt der Weltmeister von 1954 an Hannover zurück. Nicht unerwähnt bleiben darf in diesem Zusammenhang auch, dass sich Ottmar Walter und Horst Eckel im Laufe des Spieles verletzten, was sich natürlich nachteilig auf die Team-Leistung auswirkte.

Den Titel in der Oberliga hatte sich der 1. FC Kaiserslautern erst am letzten Spieltag mit einem 4:0 über den FK Pirmasens vor 30.000 Fans gesichert. Der FKP war als Tabellenführer mit 51:7 Zählern auf den Betzenberg gekommen, konnte aber seinen hauchdünnen Vorsprung nicht über die Ziellinie retten. Bitter für Heinz Kubsch und Co., denn in diesem Jahr gab es wegen der WM in der Schweiz nur einen Südwest-Teilnehmer und eine verkürzte DM-Endrunde auf neutralem Boden. Der „Walter-Express" gewann in Köln mit 1:0 gegen Eintracht Frankfurt und siegte in Stuttgart mit 4:3 über den 1. FC Köln. Meister Hannover 96 hatte sich gegen den VfB Stuttgart und den Berliner SV 92 behauptet. Nach der Hamburger Pleite des FCK gegen Hannover 96 wurde vor allem in Norddeutschland gefordert, der Bundestrainer möge seinen Kader umbesetzen, einige Lauterer rausnehmen und dafür Spieler von 96 aufnehmen. Doch der Bundestrainer blieb seinen „Lauterern" treu und durfte sich wenige Wochen später als Vater der Weltmeister-Elf feiern lassen. So durften die fünf Weltmeister in der Saison 1953/54 alles erleben, was eine Sportlerlaufbahn zu bieten hat. Dem Endspiel-Untergang als Titelverteidiger folgte in Bern die Auferstehung als krasser Außenseiter und Weltmeister.

Der 1. FC Kaiserslautern im Endspiel '54: Hölz - Baßler, Kohlmeyer - Eckel, W. Liebrich, Render - Scheffler, F. Walter, O. Walter, Wenzel, Wanger.

Den Basketballern gelingt der Aufstieg in die Regionalliga. Außerdem wird die Mannschaft rheinland-pfälzischer Pokalsieger. Die Leser der „Rheinpfalz" wählen sie daraufhin zur „Mannschaft des Jahres".

1990

Februar
Vor der Westribüne wird ein Fangnetz installiert, nachdem im letzten Spiel des Vorjahres gegen Köln ein Spielabbruch unmittelbar drohte.

In höchster Abstiegsgefahr entlässt der FCK Gerd Roggensack und holt Kalli Feldkamp aus Ägypten zurück auf den Betzenberg. Das Desaster kann gerade noch einmal abgewendet werden. Erheblichen Anteil daran hat nicht zuletzt Stefan Kuntz, der 15 Tore schießt und sich mehr und mehr zur Führungsfigur auf dem Platz entwickelt.

19. Mai
Im fünften Anlauf gewinnt der FCK zum ersten Mal den DFB-Pokal. Mit 3:2 (3:0) besiegt er im Berliner Olympiastadion Werder Bremen. Nach sechs Jahren Abstinenz ist der FCK wieder auf der europäischen Fußballbühne präsent.

Zum Saisonbeginn 1990/91 stößt **Miroslav Kadlec** zum FCK.

1973: Bayerns schlimmste Betzenberg-Packung

Für den früheren Bayern-Spieler und FCK-Trainer Rainer Zobel bleibt der 20. Oktober 1973 unvergessen, denn ein solches Spiel hat der Niedersachsener nur einmal erlebt, auch wenn die Bayern in diesen Jahren unter anderem bei Eintracht Frankfurt und Kickers Offenbach mit 0:5 beziehungsweise 0:6 verloren. „Wir hatten das Ding zur Pause im Sack, führten nach einer knappen Stunde mit 4:1, was sollte da noch passieren. Aber so um die 70. Minute hatte Kaiserslautern zum 4:4 ausgeglichen und traf dann bis zum Ende noch drei Mal zum unglaublichen 7:4-Endstand. Bei uns ging gar nichts mehr, beim FCK hat dagegen alles gepasst, so nach dem Motto: ‚Jeder Schuss ein Treffer!'"

Es war sicherlich ein unglaublich verrücktes Bundesligaspiel, denn die Gäste führten durch den Ex-Braunschweiger Bernd Gersdorff (2) und Gerd Müller nach 36 Minuten mit 3:0. Das erste Tor der Pfälzer durch Seppl Pirrung (43.) zum 1:3-Pausenstand wurde kaum bejubelt. Als dann Gerd Müller (57.) auf 4:1 erhöhte, schien alles klar, aber nur 60 Sekunden später verkürzte Klaus Toppmöller auf 2:4. Drei Minuten später traf Seppl Pirrung zum 3:4 und der Wirbelwind aus Rodalben besorgte auch das 4:4 (73.).

Nun fiel die Bayern-Abwehr mit fünf zukünftigen Weltmeistern wie ein Kartenhaus zusammen. Ernst Diehl (84.), Sonderbewacher von Torjäger Gerd Müller, sorgte für die Führung und der Ex-Gladbacher Herbert Laumen setzte mit zwei Toren (87./89.) die Schlusspunkte. 32.000 Anhänger waren völlig aus dem Häuschen. Der bis dahin wohl größte Bundesligasieg wurde mit Trainer Erich Ribbeck von folgender Mannschaft errungen: Elting, Huber, Diehl, Schwager, Fuchs, Toppmöller, Bitz, Laumen, Pirrung, Sandberg, Ackermann.

Heute kaum vorstellbar: Sechs waschechte Pfälzer im Team, dazu drei Westdeutsche (Elting, Ackermann, Laumen), ein Schwede mit Roland Sandberg und ein Moselaner mit Bundesliga-Torjäger Klaus Toppmöller, der in diesen Jahren besser traf als alle FCK-Angreifer vorher oder auch später. Aus diesen Tagen kommt auch der Satz von Paul Breitner: „Wir brauchen nicht mehr nach Kaiserslautern zu fahren, die Punkte können wir gleich mit der Post dahin schicken!"

---

27. Oktober
Beim Heimspiel gegen Wattenscheid wird Schiedsrichter Dr. Umbach von einem Feuerzeug getroffen und geht k.o. Zum Glück für den FCK bricht er das Spiel nicht ab, sondern pfeift nach einer Unterbrechung von drei Minuten wieder an.

[1991]

9. März
Beim Nachholspiel gegen Köln hat das Park-and-Ride-System Premiere.

Die A-Jugend-Fußballer unterliegen im Finale um die Deutsche Meisterschaft dem VfB Stuttgart mit 1:4.

15. Juni
Mit einem 6:2-Sieg im letzten Saisonspiel gegen Köln macht der FCK sein Meisterstück. 40.000 Anhänger begleiten die Mannschaft an den Rhein und verwandeln die Partie zum Heimspiel. Der Jubel in Kaiserslautern über die erste Deutsche Meisterschaft nach 38 Jahren ist unbeschreiblich. Später wird der FCK auch noch den Super-Cup gewinnen.

Der FCK wird zur „Mannschaft des Jahres" gewählt, Kalli Feldkamp zum „Trainer des Jahres" und Stefan Kuntz zum „Fußballer des Jahres". Zum Kader im Meisterjahr gehören: Dooley, Ehrmann, Ernst, Friedmann, Goldbaeck, Haber, Hoffmann, Hotic, Kadlec, Krämer, Kranz, Kuntz, Labbadia, Lelle, Lutz, Richter, Roos, Scherr, Schupp, Serr, Stadler, Stumpf, Winkler und Zimmermann.

*Die größte Europapokalnacht des 1. FCK:
Mit 5:0 besiegten die Roten Teufel Real Madrid
(auf unserem Foto: Werner Melzer).*

Ein Freistoßtor von Martin Wagner sorgte für die Entscheidung im Pokal-Endspiel 1996 gegen den Karlsruher SC.

Berliner Pokalsiege

Sechs Mal war der 1. FC Kaiserslautern im seit 1935 ausgetragenen DFB-Vereinspokal-Wettbewerb im Endspiel, doch nur die beiden letzten Finals gestaltete der Klub erfolgreich. Die ersten vier Spiele gingen gegen den SV Werder Bremen (0:2), FC Schalke 04 (0:5), Hamburger SV (0:2) und Eintracht Frankfurt (1:3) allesamt verloren. Als krasser Außenseiter war die Mannschaft 1990 in Berlin vor 76.391 Zuschauern gegen den SV Werder Bremen aufgelaufen, doch unter Kalli Feldkamps Regie schossen Bruno Labbadia (2) und Stefan Kuntz die Pfälzer bis zur 30. Minute mit 3:0 in Führung. Später war dann nach Werder-Toren von Neubarth (54.) und Burgsmüller (72.) das große Zittern angesagt, doch die Elf vom Betzenberg hielt dem Druck stand und holte sich mit Ehrmann - Foda - Stumpf, Friedmann (Lutz) - Scherr, Schupp (Roos), Hotic, Dooley, Lelle - Labbadia, Kuntz - am 19. Mai 1990 den Pott nach vier vergeblichen Endspielteilnahmen.
Am 25. Mai 1996 holte sich der 1. FC Kaiserslautern mit einem 1:0-Sieg über den Karlsruher SC durch ein Tor von Martin Wagner vor 75.782 Zuschauern den zweiten Pokalsieg. Die Freude hielt sich aber in Grenzen, denn kurz zuvor war man aus der Ersten Bundesliga abgestiegen.
In Berlin waren am Ball: Reinke - Kadlec - Schäfer, Koch - Greiner, Roos (Wegmann), Hengen, Brehme, Wagner - Marschall (Lutz), Kuka (Wollitz) unter der Regie von Kurz-Trainer Eckhard Krautzun.

1900 1910 1920 1930 1940 1950 1960 1970 1980 1990 2000

6. November
In der zweiten Runde des Europapokals der Landesmeister geht der FCK mit einer 0:2-Hypothek aus dem Vorspiel in die Partie gegen den FC Barcelona. Nach 76 Minuten führt der FCK sensationell mit 3:0, bevor Bakero mit einem Kopfballtor in der 90. Minute die Lauterer aus dem Wettbewerb wirft.

13. November
Die Stadt Kaiserslautern erteilt die Baugenehmigung für die neue Nordtribüne. Der erste Spatenstich folgt im März 1992.

[1992] Durch einen 5:1-Finalsieg gegen den 1. FC Köln wird die A-Jugend des 1. FCK erstmals Deutscher Meister. Dreifacher Torschütze: Christoph Dengel.

Dr. Markus Merk pfeift sein erstes Länderspiel (Schweiz gegen Bulgarien) und tritt damit endgültig in die Fußstapfen seines Förderers Albert Dusch.

[1993] Kalli Feldkamp beendet seine Trainertätigkeit in Kaiserslautern. Sein Nachfolger ist **Rainer Zobel**, der aber nur ein einjähriges Intermezzo auf dem Betzenberg gibt.

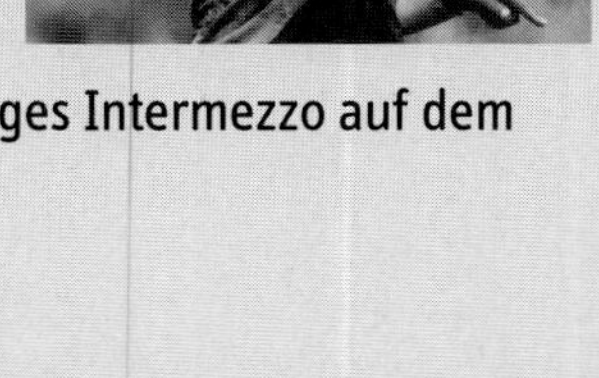

1982: Die Schmach der Königlichen

Meisterschaften und Endspiele bleiben bei einem Fan immer haften, aber es gab im 100-jährigen Bestehen des 1. FC Kaiserslautern auch einige Spiele in der Bundesliga und im Europa-Cup, die man nicht vergisst. Dabei gilt die Partie zu Hause gegen Real Madrid im UEFA-Cup-Viertelfinale der Saison 1981/82 als absolutes Jahrhundertspiel, das sich Amateurcoach Michael Dusek via Video heute noch ab und zu „reinzieht". „Für mich war diese Partie das Größte, was ich als Spieler erlebt habe. Bei uns hat alles geklappt. Ich sehe heute noch die drei Roten Karten gegen die Spanier, habe unsere fünf Tore noch immer im Kopf. Wir brauchten nach dem 1:3 in Madrid keine Extraansprache vom Trainer. Alles war heiß, auch die Fans. Dann die ersten Tore und unser Rausch. Wenn ich als Trainer mal ein richtiges Negativerlebnis habe, dann hole ich mir die Kassette wieder zum Vorschein. Real Madrid war ja damals das Größte im Fußball überhaupt."

Am 17. März 1982 war der Betzenberg mit 34.500 Fans restlos ausverkauft, man hätte auch 100.000 Karten verkaufen können. Den 1:3-Rückstand hatte Friedhelm Funkel im Alleingang binnen 17 Minuten egalisiert, aber für das Halbfinale brauchte der „Feldkamp-Express" einen 3-Tore-Sieg. Der wurde aber erst nach dem Seitenwechsel eingeleitet. Zuvor hatten von den überharten Gästen Isidoro (32.) und Cunningham (40.) nach üblen Fouls von Schiedsrichter Palotai (Ungarn) Rot gesehen. Mit den Nerven früh am Ende, erlebten Uli Stielike und Co. ein Riesendebakel, denn Hannes Bongartz (50.), Norbert Eilenfeldt (57.) und Mittelfeldmotor Rainer Geye (73.) trafen zum unglaublichen 5:0. Selbst einen „Elfer" brachten die Gäste an Ronnie Hellström nicht vorbei.

Während die Pfalz nicht nur eine Nacht feierte, wurden die Verlierer in Spanien - nicht nur von der Presse - platt gemacht. Zwei Jahre zuvor hatte Real schon beim Hamburger SV mit 1:5 verloren. „Wir waren in Lautern keine Mannschaft, deshalb sind wir untergegangen. Natürlich spielt auch so ein enges Stadion und das Publikum eine wichtige Rolle", erinnert sich DFB-Trainer Uli Stielike heute noch an die 0:5-Panne. Dass der 1. FC Kaiserslautern dann im Halbfinale an IFK Göteborg in der Verlängerung (zweimal 1:1) per Elfer mit 1:2 scheiterte, war mehr als Pech, denn die Real-Sieger Hellström, Melzer, Wolf, Briegel, Brehme, Geye, Bongartz, Dusek, Eilenfeldt (Brummer), Funkel (Eigendorf) und Hofeditz hatten das Format und die Mischung, den UEFA-Cup in diesem Jahr auch zu gewinnen. So aber blieb aus dieser Saison nur die Erinnerung an das Jahrhundertspiel.

Eigentlich war die Meisterschaft am vorletzten

Ab der Spielzeit 1993/94 betreut **Friedel Rausch** (Foto), der vom FC Basel kommt, die Lauterer. Andreas Brehme kehrt ablösefrei von Real Saragossa zum Betzenberg zurück. Ciriaco Sforza kommt von den Züricher Grashoppers.

Dritte Final-Teilnahme in Folge für die A-Jugend: Mit 1:3 müssen sich die Diehl-Schützlinge dem FC Augsburg geschlagen geben.

Den Hockeyspielern gelingt der Aufstieg in die Oberliga im Feldhockey.

[1994]

März
Stadionsprecher Udo Scholz wird von Horst Schömbs abgelöst.

Bei weiterlaufendem Spielbetrieb schreitet der Bau der Nordtribüne voran. Gegen Freiburg fehlt bereits das Dach der alten Tribüne. Die Spieler müssen sich in Containern umkleiden.

7. Mai
Bis zum letzten Spieltag kämpft der FCK mit um den Meistertitel. Zwar gelingt ein Sieg gegen den HSV,

Retter und Meistertrainer:
Kalli Feldkamp

1991: Meisterfeier an den Rhein verlegt

Spieltag der Saison 1990/91 auf dem Betzenberg geplant, doch der Gast aus Mönchengladbach wurde vor ausverkauftem Haus zum Spielverderber. Die „Fohlen" siegten nach 3:0-Vorsprung mit Glück und dank Torwart Uwe Kamps mit 3:2 und sorgten so nicht nur für Spannung am letzten Bundesliga-spieltag, sondern auch dafür, dass 40.000 (!) Anhänger des 1. FC Kaiserslautern sich auf den Weg nach Köln machten. 40 Jahre nach der ersten Deutschen Meisterschaft siegte der 1. FCK dank tollen Toren von Marco Haber (2), Bernhard Winkler (2), Tom Dooley und Markus Schupp mit 6:2 und schrieb am 34. Spieltag nicht nur Vereinsgeschichte. Denn mit diesem Titel war absolut nicht zu rechnen, aber „Meistermacher" Kalli Feldkamp hatte einen Kader zur Verfügung, den weder Sperren noch Verletzungen stoppen konnten.

Der dritte Meistertitel für die Betzenberger war vor der Runde nicht ins Auge gefasst. Allenfalls hatten Karl-Heinz Feldkamp und Co-Trainer Reiner Hollmann mit einem einstelligen Tabellenplatz geliebäugelt, denn 16 Monate zuvor war der 1. FC Kaiserslautern schon fast in die Zweite Liga abgestiegen, bevor die zweite „Feldkamp-Zeit" in der Pfalz begann. Bei diesem Meistertitel wurden einige Akteure zu den „Aufsteigern des Jahres", denn Uwe Scherr, Marco Haber und auch der Däne Bjarne Goldbaek spielten nie mehr so gut wie in diesem Jahr.

Dazu passten „Schlitzohren" wie Stefan Kuntz, Bruno Labbadia und Demir Hotic gut, fanden sich Talente wie Thomas Richter, Bernhard Winkler oder Frank Lelle in ein Team ein, das sich auch von „Bayern-Sprüchen" in der Endphase der Meisterschaft nicht einlullen ließ und dafür sorgte, dass man mit 19 Siegen, 10 Unentschieden und nur 5 Niederlagen bei 48:20 Punkten und 72:45 Toren ein würdiger Deutscher Meister wurde. Für den früheren DDR-Star Rainer Ernst war es nach neun Meistertiteln am Stück mit Dynamo Berlin nun der erste West-Titel und die Gewissheit, dass er mit zehn Meisterschaften der erfolgreichste Fußballer Deutschlands in Sachen Meisterschaft war. Vor 55.000 Fans im Müngersdorfer Stadion sicherten am 15. Juni folgende Spieler den Titel: Ehrmann, Kuntz, R. Lutz, Friedmann, Schupp, Scherr, Dooley, Haber, Kranz, Winkler, Hoffmann, Ernst und Labbadia. Im Laufe der Saison waren noch Serr, Kadlec, Stumpf, Stadler, Richter, Lelle, Krämer, Zimmermann, Roos, Goldbaek und Hotic zum Einsatz gekommen.

aber auch die Bayern gewinnen gegen Schalke 04 und behaupten damit mit einem Punkt Vorsprung die Spitze.

29. Juli
Mit einem Spiel gegen die Glasgow Rangers wird die neue Nordtribüne offiziell eingeweiht. Die Baukosten betragen ca. 63 Millionen Mark und bringen den FCK trotz Zuschüssen von Stadt und Land in Höhe von jeweils 14 Millionen in finanzielle Nöte.

Wegen der strengen Auflagen der UEFA wird ein Teil der Stehplätze auf der Osttribüne in Sitzplätze umgewandelt. Auf der Westtribüne werden die bei den Fans verhassten Klappsitze installiert.

Mit **Olaf Marschall**, der zur Saison 1994/95 von Dynamo Dresden nach Kaiserslautern wechselt, tätigt der FCK den bis dahin teuersten Transfer der Vereinsgeschichte.

[1995] Ciriaco Sforza geht nach Saisonende zu den Bayern. Stefan Kuntz verlässt nach einem bewegenden Abschied von den Fans nach der Partie gegen Köln den FCK in Richtung Istanbul.

Am Ende belegt die Mannschaft den vierten Tabellenplatz.

Deutscher Meister 1991

4711
OKI
COMPUTERDRUCKER
premiere

Nach dem 6:2-Sieg in Köln feierte die Mannschaft bei einer feucht fröhlichen Schifffahrt auf dem Rhein. Tausende glückliche Fußballfreunde säumten die Rheinufer. Natürlich gab es auch eine Riesenfete in Kaiserslautern einen Tag nach dem „Endspiel", denn Deutscher Meister wird man nicht alle Tage. Immerhin waren 40 Jahre nach dem ersten und 38 Jahre nach dem zweiten und bis dahin letzten Titel der „Walter-Elf" vergangen. In dieser Saison erreichte der 1. FC Kaiserslautern erstmals einen Zuschauerschnitt von über 30.000, genau 32.145 Fans pro Spiel kamen zum Betzenberg, 6.700 mehr im Schnitt gegenüber der Saison 1989/90. Seit diesem Zeitpunkt hatte der FCK immer einen Schnitt von über 32.000, für eine Stadt von rund 100.000 Einwohner eine Traumzahl.

Der Albtraum hat einen Namen: José Maria Bakero

Monate später, als der FC Barcelona durch ein schmeichelhaftes 1:0 n.V. über Sampdoria Genua den Europacup holte, da wurden in der Pfalz die Gesichter noch einmal sehr lang. Nicht wenige Fans dachten an den November zurück, da hatte der 1. FC Kaiserslautern mit einem 3:1-Sieg (Hinspiel 2:0 für Barcelona) den Sprung in die Champions League

1900 1910 1920 1930 1940 1950 1960 1970 1980 1990 2000

Herbst
Das Drama nimmt seinen Lauf: Von Beginn an steht der FCK in der Saison 1995/96 im Abstiegskampf. Im Winter wird in einem Verzweiflungsakt der Brasilianer Arilson Gilberto da Costa zum Betzenberg geholt.

Die Hockeymannschaft steigt in die Hallenhockeyoberliga auf.

1996

1. Januar
Bereits seit 1990 wird im Verein Triathlon betrieben. Jetzt bildet sich eine eigene Abteilung innerhalb des FCK.

Gerhard Bauer wird Zweiter in seiner Altersklasse bei der Longduathlon-Weltmeisterschaft in Zofingen/Schweiz .

März

Eckhardt Krautzun löst Friedel Rausch neun Spieltage vor Saisonende ab.

18. Mai
Der FCK ist nach dem 1:1 in Leverkusen aus der Bundesliga abgestiegen. Neun Minuten vor Schluss egalisieren die Leverkusener die Lauterer Führung und ziehen damit den eigenen Kopf aus der Schlinge. Zum ersten Mal seit 1939 ist der FCK zweitklassig.

Stefan Kuntz mit letztem Einsatz im Spiel gegen Barcelona

21. Mai
Der FCK begrüßt das 5.000 Mitglied.

25. Mai
Der Absteiger gewinnt zum zweiten Mal den DFB-Pokal: 20.000 Fans begleiten den FCK zum Endspiel nach Berlin, in dem der KSC mit 1:0 geschlagen wird.

9. Juli
Im Verlauf einer turbulenten außerordentlichen Mitgliederversammlung treten Präsidium und Verwaltungsrat zurück. Anschließend wählen die Mitglieder das „Team Professionelle Zukunft", bestehend aus **Kalli Feldkamp, Jürgen Friedrich, Wolfgang Fritz, Dr. Robert Wieschemann** und **Peter-Werner Landry** en bloc, zum neuen Aufsichtsrat. Dieses Gremium bestimmt später **Hubert Keßler** (Foto) zum FCK-Präsidenten.

19. Juli
Otto Rehhagel unterschreibt auf dem Betzenberg und übernimmt am 21. Juli mitten in der Saisonvorbereitung die Mannschaft.

PETER ZÄNGRY

Erinnerungen

1998 Der 1. FC Kaiserslautern hat beschlossen, auf dem ehemaligen Truppenübungsplatz am Fröhnerhof ein Sportzentrum zu errichten. Was sicher die wenigsten wissen: Vor vielen Jahren war dort schon einmal ein Sportplatz der Mehlinger angelegt. 1916 stürzte bei einem Fliegerangriff ein englisches Flugzeug ab und zerstörte den Platz.

verpasst. Nicht nur eine Mindesteinnahme von etwa zwölf Millionen Mark, sondern auch ein mögliches Endspiel, denn die Vierer-Gruppe, in der Lautern gespielt hätte, war so schwer nicht. „Wir waren nicht clever genug, wir haben in der Abwehr schlecht gestanden, als dieser lange Ball von Koemann kam und der kleine Bakero aus unmöglichem Winkel per Kopf den Ball versenkte. Ich hätte vorher noch einen Treffer erzielen können, aber wir haben auch in Barcelona Chancen gehabt, Guido Hoffmann die größte. Es war ein besonderes Spiel, aber ich hatte wichtigere auch im Abstiegskampf beim FCK erlebt", erinnert sich Demir Hotic zurück. Mit einem Doppelschlag hatte der Bosnier bis zur 41. Minute die Aufholjagd im Rückspiel eingeleitet, der FCK hatte die Partie im Griff. Das Millionenteam mit Akteuren aus Spanien, Bulgarien, Holland und Dänemark durfte sich bei Torwart Zubizaretta bedanken, dass in Lautern erst in der 76. Minute das 3:0 durch Bjarne Goldbaek fiel; der Betze bebte. Neben Hotic hatte Goldbaek noch ein Riesending auf dem Fuß, doch der Keeper der Gäste rettete mit einer Glanzparade. Ein viertes Tor hätte alles klar gemacht, statt dessen die 89. Minute und der Kopfball, der Kaiserslautern viel Geld kostete und die Anhänger in ein Tränenmeer stürzten. Unglücksrabe im Feldkamp-Team war Markus Kranz, kurz zuvor für Frank Lelle eingewechselt, er „schlief" beim Bakero-Kopfball 60 Sekunden vor Spielende. Statt Kiew oder Lissabon kam der K.o.. Das Aus am 6. November traf die 30.200 Fans wie ein Hammerschlag.

Vorwürfe in der Kabine, es war sehr laut. Goldbaek wurde angemeckert, Kranz und Hoffmann (für die Hinspielchance) sahen sich Vorwürfen ausgesetzt. Andere Spieler waren fertig, brachten kaum einen vernünftigen Satz heraus.

Kalli Feldkamp verglich damals die Stimmung mit der nach dem 2:3 gegen Mönchengladbach einige Monate zuvor, als der Titelgewinn noch einmal verschoben wurde. Ehrmann, W. Funkel, Schäfer, Haber, Scherr, Goldbaek, Hotic, Hoffmann, Lelle (88. Kranz), Witeczek und Kuntz waren die Unglücksraben. Hotic (35., 41.), Goldbaek (76.) und Bakero (89.) hießen die Torschützen. Im ersten Spiel am 23. Oktober hatte Beguristain beide Tore vor 65.000 Zuschauer erzielt. Stumpf, Degen und Dooley, im Rückspiel nicht dabei, waren unter anderem im FCK-Dress.

1900 1910 1920 1930 1940 1950 1960 1970 1980 1990 2000

1997

26. Januar
Der FCK gewinnt das DFB-Hallenmasters-Turnier in München.

18. Mai

Auf den Tag genau ein Jahr nach dem Abstieg macht der FCK mit einem 7:0 gegen den VfB Lübeck den direkten Wiederaufstieg perfekt.

14. Juli
Ciriaco Sforza wechselt von Inter Mailand zum FCK. Als weitere Verstärkungen kommen Michael Ballack, Andreas Buck und der Bulgare Marian Hristov.

August

Mit einem 1:0-Sieg bei Bayern München durch ein Kopfballtor von **Michael Schjönberg** legt der FCK den Grundstein für die größte Sensation der Bundesligageschichte.

1998

Die Triathletin Kerstin Bender wird Sportlerin des Jahres in Stadt und Landkreis Kaiserslautern.

April
Die FCK-Läufer trennen sich von den Leichtathleten und organisieren sich in der neuen Abteilung „FCK-Running".

Erst aufgestiegen, dann Meister: Trainer Otto Rehhagel

adidas
OKI

DFB-Pokalsieger 1996

1998: Von Meppen in die Champions League

Man darf die Meisterschaft der Saison 1997/98 getrost als „Sensationserfolg“ verkaufen; so unnötig der Abstieg zuvor war, so unglaublich war der Titelgewinn im Frühjahr 1998. „Nur wenige haben den Roten Teufeln zugetraut, dass sie nach erfolgreichem Wiederaufstieg in die oberste Spielklasse sofort den Titel an den Betzenberg holen würden“, war unter anderem im Grußwort von Dr. Helmut Kohl zur Meisterschaft zu lesen. Noch nie hatte ein Zweitliga-Meister die oberste Etage so aufgemischt, war praktisch vom Emsland-Stadion in Meppen ins Münchner Olympiastadion durchmarschiert, hatte die am vierten Spieltag eroberte Tabellenführung nicht mehr abgegeben.

Nur vier Niederlagen in 34 Spielen wiesen die Schützlinge von Meistertrainer Otto Rehhagel nach Saisonende auf. In dieser Mannschaft stimmte einfach alles. 32 Tore gingen auf das Sachsen-Duo Marschall (21) und Rische (11), eine stabile Abwehr um Torwart Andreas Reinke und Super-Libero Kadlec sorgte hinten für Ordnung und nur 39 Gegentore in 34 Spielen. Im Mittelfeld bot man Zauberfußball. Eine starke rechte „Schokoladenseite“ mit Ratinho und Buck, ein Spielmacher Ciriaco Sforza, dazu Marian Hristov mit wichtigen Toren, Fleißarbeiter Martin Wagner sowie Akteure namens Harry Koch, Michael Schjönberg, Marco Reich und Publikumsliebling Pavel Kuka. Auch ein Axel Roos als „Oldie“ neben Andy Brehme gab seine Erfahrung im Team weiter, davon profitierten junge Spieler wie Michael Ballack oder Thomas Riedl. In 35 Bundesligajahren gab es erstmals einen Meister, der gerade aufgestiegen war.

Der Auftaktsieg beim FC Bayern München war ein guter Anfang. Überhaupt waren die beiden Münchner Klubs mit zwölf Zählern in dieser Runde die Lieblingsgegner der Roten Teufel. „Wer gleich zu Beginn der Saison den FC Bayern München besiegt hat und über den Erfolg nicht erschrickt, der muss so weitermachen, und es ist ihm am Ende Großes beschieden.... Souverän führte Otto Rehhagel eine märchenhafte Mission zum Ziel“, war zum Beispiel in der FAZ nachzulesen. Auch die AZ aus München dachte an den Ex-Bayern-Trainer Otto Rehhagel: „Früher einmal, da gehörte Kaiserslautern zum Regierungsbezirk Bayern. Und wer in Münchner Amtsstuben nichts taugte, der wurde eben in den Pfälzer Wald versetzt. Das war zwischen 1816 und 1945. Ein halbes Jahrhundert später machte man es noch ähnlich: Als Fußball-Lehrer Otto Rehhagel 1996 seine liebe Not hatte dem FC Bayern etwas beizubringen, musste er gehen: vom Kaiser-Reich nach Kaiserslautern. Für die Pfälzer ein Glücksfall.

1900 1910 1920 1930 1940 1950 1960 1970 1980 1990 2000

2. Mai
Nach einem 4:0-Sieg über den VfL Wolfsburg bei einem gleichzeitigen Unentschieden der Bayern in Duisburg steht der FCK als Deutscher Meister fest.

9. Mai
Siegerehrung des neuen Deutschen Meisters vor dem letzten Saisonspiel im Hamburger Volksparkstadion. Erstmals in der Bundesligageschichte hat ein Aufsteiger den Titel gewonnen. Der Kommentar Günter Netzers: „Diese Meisterschaft ist die größte Leistung, die je im deutschen Fußball vollbracht wurde. Das ist einmalig, nicht wiederholbar.“ Kleiner Wermutstropfen: Alle Versuche, Miroslav Kadlec zum Bleiben zu überreden, scheitern. Er verlässt den Verein und geht zurück nach Tschechien.

27. Mai
Die Baugenehmigung für die neue Südtribüne wird erteilt. Zum Saisonbeginn 1998/99 ist das 23 Millionen Mark teure Bauwerk, das knapp 9.500 Plätze bietet, fertiggestellt.

4. August
Die Schallmauer ist durchbrochen: Der FCK hat 10.000 Mitglieder.

6. Oktober
Beim Abschiedsspiel für **Andreas Brehme** spielt der FCK vor 37.000 Zuschauern im Fritz-Walter-Stadion gegen eine Weltauswahl.

Denn was der liebe Gott allein nicht richten konnte bei den Roten Teufeln - Rehhagel schaffte es: Der Betze bebt wieder erstklassig." Der vierte Meistertitel wurde am 33. Spieltag mit dem 4:0-Heimsieg über den VfL Wolfsburg sicher gestellt. Vor ausverkauftem Haus trafen Marschall (2), Wagner und Rische. Eine Woche später pilgerten 30.000 Anhänger an Elbe und Alster, sahen ein 1:1 beim Hamburger SV. Und was das Wichtigste war, um 15:13 Uhr wurde die „Salatschüssel" von DFB-Präsident Egidius Braun an Ciriaco Sforza und Andy Brehme überreicht.

Der lief in seiner Heimat und Geburtsstadt noch einmal auf und beendete als Deutscher Meister seine großartige Laufbahn. Acht Sonderzüge und 280 Busse sowie unzählige PKW waren an diesem Wochenende gegen Norden unterwegs, fast 30.000 FCK-Anhänger feierten den Abschluss einer großartigen Saison, Kaiserslautern stand Kopf.

In München gab es dagegen Kopfweh. Am großen Triumph unter Meistermacher Otto Rehhagel waren beteiligt: Andreas Reinke (31 Spiele) und Lajos Szücs (3) im Tor, Axel Roos (31), Miroslav Kadlec (32/1 Tor), Andreas Brehme (5), Marian Hristov (22/5), Martin Wagner (30/4), Pavel Kuka (22/5), Ciriaco Sforza (32/3), Olaf Marschall (24/21), Stefan Ertl (5), Janos Hrutka (3), Michael Schjönberg (32/4), Ratinho (26/4), Jürgen Rische (27/11), Oliver Schäfer (10), Andreas Buck (31/2), Thomas Riedl (6/1), Harry Koch (31), Pascal Ojigwe (1), Marco Reich (31/1), Roger Lutz (6). Neben Trainer Otto Rehhagel waren auch Co-Trainer Reinhard Stumpf und Torwart-Coach Gerry Ehrmann am Erfolg beteiligt, dazu natürlich Ärzte, Masseure und Zeugwarte.

Wolfgang Schneider

7. Dezember
Bei der Jahreshauptversammlung beschließen die Mitglieder eine umfassende Satzungsänderung. Der Verein wird zukünftig nicht mehr von einem Präsidium, sondern von einem durch den Aufsichtsrat bestellten Vorstand geführt. Am 1. Januar 1999 wird Jürgen Friedrich zum Vorstandsvorsitzenden ernannt und Gerhard Herzog als weiteres Vorstandsmitglied bestellt.

[1999]

Die Fritz-Walter-Stiftung wird gegründet. Es sollen u.a. junge Talente gefördert und arbeitslose Jugendliche unterstützt werden.

17. März
Nach einem 0:2 im Hinspiel siegen die Münchner Bayern in der Champions League auch auf dem Betzenberg mit 4:0. Damit scheidet der FCK im Viertelfinale aus, nachdem er zuvor souveräner Gruppensieger geworden war und sich gegen Benfica Lissabon, PSV Eindhoven und HJK Helsinki durchgesetzt hatte.

Die FCK-Triathleten Peter Holy und Stefan Höfs nehmen am „Ironman" in Hawaii teil.

29. Mai
Mit 1:5 unterliegt der FCK im letzten Saisonspiel bei der Frankfurter Eintracht und verspielt mit einer desolaten Leistung die Qualifikation für die Champions League.

DFB
Deutscher Fußballmeister 1998
Crunchips
DIE BUNDES LIGA
DEUTSCHER MEISTER 1998

Anzeigesysteme für Information und Werbung
Internationale
Crunchips
DIE BUNDES LIGA
1998

Was bringt die Zukunft?
von Jürgen Friedrich

PETER ZÄNGRY

Erinnerungen

[2000] Nach Andreas Brehme habe ich einen zweiten Bundesliga-Spieler ins Herz geschlossen: Youri Djorkaeff. Zum Einen erinnert er mich an meinen alten Freund, Monsieur Pepion, zum Zweiten ist er ein feiner und eleganter Fußballer.

Selbst ein Hellseher wäre überfordert, weitere 100 Jahre in die Zukunft des 1. FC Kaiserslautern zu schauen. Nein, sogar ein Ausblick in das Jahr 2010 fällt schwer. Ich versuche mich auf die nächsten fünf Jahre zu bescheiden, auch wenn selbst in diesem Zeitraum das Umreißen von Visionen fast unmöglich ist. Dazu leben wir zu sehr im Tagesgeschäft. Wir werden die nahe Zukunft selbstbewusst und hoffnungsvoll angehen.

Seit dem Wiederaufstieg 1997 ist es uns gelungen, mit unseren Möglichkeiten eine gute und erfolgreiche sportliche Arbeit abzuliefern. Die Herausforderungen werden immer größer, da sich die Wirtschaft mehr und mehr auf sogenannte Großvereine, die meist in Ballungsräumen unserer Republik angesiedelt sind, konzentriert. Als Klub, der in einer bekanntermaßen wirtschaftlich strukturschwachen Region beheimatet ist, wird es der 1. FCK zwangsläufig in Zukunft schwerer haben, im Konzert der Großen mitzuspielen.

Kann sich unser Verein mit diesen Vorgaben und Rahmenbedingungen auch in Zukunft die in langen Jahren erarbeitete gute Position im deutschen Bundesliga-Fußball erhalten? Klare Aussage: Ja!
Dazu ist es natürlich erforderlich, dass wir unsere ganze Kreativität, unser Selbstbewusstsein, aber auch den disziplinierten Umgang mit unseren Möglichkeiten in die Waagschale werfen. Der 1. FC Kaiserslautern hat sich in der Vergangenheit als volksnaher, in seiner Arbeit selbständig arbeitender Verein präsentiert und wird dies auch in den nächsten fünf Jahren praktizieren.

Dass wir uns den großen Herausforderungen der nächsten Zeit nicht allein stellen können, steht außer Frage. In diesem Punkt können wir uns der Unterstützung unserer Partner sicher sein. Der Spagat zwischen einem werblichen Engagement und der damit gewünschten wirtschaftlichen Unterstützung basiert auf der Grundlage, dass unsere Partner nicht einmal ansatzweise ins operative Geschäft des

Juni

Mit der Ausschreibung der Bauarbeiten beginnt die Realisierung des geplanten großzügigen Trainingszentrums „Sportpark Rote Teufel“ auf dem Fröhnerhof bei Kaiserslautern.

9. Dezember
Im UEFA-Cup ist in der dritten Runde Endstation. Mit 1:4 verliert der FCK zu Hause gegen Lens und verspielt damit trotz eines 2:1-Erfolges im Hinspiel das Weiterkommen.

[2000] **15. Februar**
Dr. Markus Merk wird von der UEFA in das Schiedsrichter-Team für die Europameisterschaft in Belgien und Holland berufen. 1988 gab Merk im Alter von 26 Jahren sein Debüt in der Ersten Bundesliga. Seit Jahren gilt er als einer der besten Schiedsrichter Deutschlands.

Vereins eingreifen. Dies wird offenbar in der Bundesliga immer seltener.

Der 1. FC Kaiserslautern hat mit dem Abstieg in die Zweite Liga 1996 seine Strukturen in der Führung verändert und 1998 den gegebenen Vorgaben entsprechend umgesetzt. Mit dieser neuen Geschäftsführungs-Personalie hat unser Verein einmal mehr als erster Verein erkannt, dass man sich den Anforderungen der Gegenwart, vor allem aber auch denen der Zukunft stellen muss. Dass andere Bundesligisten diese Führungsstruktur mittlerweile auch eingeführt haben, beweist einmal mehr, dass der FCK als Verein immer bereit war und ist, mit seinen Mitgliedern Reformen durchzuführen, die Weitsicht, aber auch ein bisschen Mut erfordern. Aber was passiert nach den nächsten fünf Jahren? Werden wir es schaffen, auf Dauer die uns lieb gewonnenen Verhältnisse und Praktiken in diesem Verein zu erhalten? In einem Zeitalter der sich immer mehr ausweitenden Medien-Präsenz und einer galoppierenden Kostensituation, die vorwiegend auf spitzfindigen Erfolgen beruht! Hier wird die wahre Aufgabe eines Vereins wie dem 1. FCK liegen, sich am Markt zu behaupten und trotzdem der Verein zu bleiben, den er mit seiner Tradition und seinen Menschen darstellt.

Vielleicht klingen diese Wünsche für den ein oder anderen etwas zu nostalgisch, gar naiv. Aber als

Vorstandsvorsitzender Jürgen Friedrich

Mann, der sich 1962 in diesem Profigeschäft niedergelassen hat, erlaube ich mir, dies auch in solch einer Form auszudrücken. Als Wunsch. Als Vision vielleicht. Denn das ist für mich Sport. Und es lohnt sich auch in Zukunft für diese sportlichen Werte einzustehen. Den täglichen Herausforderungen müssen wir sowieso gewachsen sein. Und mit der Unterstützung unserer Mitglieder, Partner und Freunde wird uns dies auch in den nächsten fünf Jahren gelingen - und darüber hinaus.

März
Die FCK-Basketballer sichern sich vorzeitig die Meisterschaft in der Oberliga.

25. März
Axel Roos bestreitet im Münchner Olympiastadion sein 294. Bundesliga-Spiel für den 1. FCK. Seit 1979 spielt der gebürtige Rodalbener für den FCK.

April
Vier Spieltage vor Saisonende liegt der FCK auf dem 6. Tabellenplatz und darf sich berechtigte Hoffnungen auf eine Teilnahme am Europapokal machen.

26. April
DFB-Präsident Egidius Braun eröffnet offiziell die FCK-Ausstellung im Rahmen der Landesgartenschau.

Deutschland spielt im Fritz-Walter-Stadion in einem Vorbereitungsspiel auf die EM gegen die Schweiz.

Mai/Juni
Der FCK feiert seinen 100. Geburtstag mit einem Open-Air-Konzert im Stadion und einer Fernseh-Gala in der Fruchthalle.

Lesestoff für FCK-Fans

Offizielle Jahrbücher

Aufstieg, Meisterschaft, Europapokal: Die Jahrbuch-Macher hätten es sich im Traum nicht besser ausmalen können. Jeder Spieltag einer Saison wird noch einmal aufgearbeitet, Spieler werden portraitiert und Anekdoten erzählt.

Wieder international.
Autoren: u.a. Ulrich Gerke, Günther Kohlmann, Horst Konzok, Marcel Reif
Verlag: P. Knecht, ISBN: 3930927470
176 Seiten (1999), DM 29,80

Wir sind Meister.
Autoren: Hanns Petillon, Herbert Günther
Verlag: P. Knecht, ISBN: 3930927357
192 Seiten (1998), DM 39,80

Der Aufstieg.
Autoren: Hanns Petillon, Herbert Günther
Verlag: P. Knecht, ISBN: 3930927225
208 Seiten (1997), DM 19,80

1. FC Kaiserslautern - Der Berg, das Land und der Ball

Von den Gründungen und Fusionen über Rangeleien um Sportplätze und Zuwendungen der Stadtoberen bis hin zu den „Lieblingsgegnern" des FCK: Die Geschichte des 1. FCK wird lebhaft beschrieben, eingerahmt von Interviews, Spielerportraits und Statistik.

Autor: Günter Rohrbacher-List
Verlag: Die Werkstatt, ISBN: 3-89533-125-2
392 Seiten (1995), DM 39,80

Die Roten Teufel sind wieder da. Die Geschichte des 1. FC Kaiserslautern.

Wer und was begründet den „Mythos Betzenberg"? Dieser Frage ist der Autor kurz nach dem sensationellen Titelgewinn 1998 auf den Grund gegangen. Sehr fundiert, unterhaltsam und durchaus kritisch. Fortschreibung des Titels „Der Berg, das Land und der Ball".

Autor: Günter Rohrbacher-List
Verlag: Die Werkstatt, ISBN: 3-89533-221-6
383 Seiten (1998), Preis: DM 39,80

Bastion Betzenberg

Der Titel (mit seinen Vorgängern) galt jahrelang als Standard-Werk. Die zahlreichen Fotos erzählen fast schon allein die Geschichte des FCK. Ausführliche Saison-Rückblicke, Portraits und Geschichten rund um den Betzenberg ergänzen das Werk.

Autoren: Dirk Leibfried, Wolfgang Kreilinger, Peter Lenk
Verlag: Dasbach, ISBN: 3-928231-15-4
220 Seiten (1994), DM 39,80

Deutschlands große Fußballmannschaften

Teil 9: 1. FC Kaiserslautern.
Daten, Fakten, Bilder.

Der Titel ist Programm: So informativ hat noch niemand zuvor die Daten und Fakten über den 1. FCK zusammengetragen. Sonder-Statistiken und Tabellen lassen das Herz aller Zahlen-Freaks höher schlagen.

Autor: Matthias Kropp
Verlag: AGON Sportverlag, ISBN: 3-928562-71-1
392 Seiten (1996), DM 36,00

Alles klar mit dem 1. FCK!

Nicht unbedingt ein Muss im Bücherschrank, aber ganz unterhaltsam. Denn wer geglaubt hat, seinen FCK zu kennen, wird nach 356 Fragen leicht frustriert sein. Tröstlicherweise werden die Antworten auf die zum Teil kuriosen Fragen gleich mitgeliefert.

Autor: Günter Rohrbacher-List
Verlag: Eichborn, ISBN: 3-8218-1324-5
96 Seiten (1994), DM 14,80

Statistik des 1. FC Kaiserslautern e.V. von 1900-1994

Wer sich am Stammtisch ab und zu über die Aufstellung des FCK beim Gauliga-Spiel 1933 streitet oder Wetten über die richtigen Torschützen eines Pokalspiels 1964 abgeschlossen hat, liegt mit diesem Statistikwerk richtig. Harte Fakten statt schmückender Prosa.

Autor: Markus Röder (Hrsg.)
Eigenverlag: Markus Röder, Kurfürstenstraße 26, 40211 Düsseldorf
144 Seiten (1994), DM 34,00

1. FC Kaiserslautern-Fan. Ein fröhliches Wörterbuch.

Von A wie Aberglaube bis Z wie Zuschauerboom werden Begriffe rund um den 1. FCK humorvoll und geistreich beschrieben. Tolle Zeichnungen von Thomas Plaßmann. Auf jeden Fall ein nettes Geschenk für alle FCK-Fans.

Autor: Dirk Harreus
Verlag: Tomus, ISBN: 3-8231-1111-6
96 Seiten (1997), DM 29,80

Ebenfalls zu empfehlen:

Fritz Walter - Die Legende des deutschen Fußballs
(Herausgeber: Rudi Michel)
Verlag: Engelhorn, ISBN: 3-87203-216-X
208 Seiten (1995)

Andreas Brehme: Das war's Freunde!
Verlag: Sportverlag Berlin, ISBN: 3-328-00801-2
174 Seiten (1998), DM 39,90

Co Prins: Genie, Filou, Globetrotter
Autor: Günter Rohrbacher-List
Verlag: Agon Sportverlag, ISBN: 3-89609-155-7
152 Seiten (1998)

Hauptgeschäftsstelle
1. FC Kaiserslautern e.V.

Geschäftsstelle
Stadionstraße 11
67663 Kaiserslautern

1. FC Kaiserslautern e.V.
Fritz-Walter-Stadion Betzenberg

Postfach 2427
67663 Kaiserslautern
Telefon: (06 31) 31 88 - 0
Telefax: (06 31) 31 88 - 2 90
eMail: info@fck.de

Fanshops

1. FCK-World-Fanshop
Stiftsplatz 5
67655 Kaiserslautern
Telefon: (06 31) 9 33 - 55

Fanshop Fans und Fun
Bremerstraße 1-5
67663 Kaiserslautern
Telefon: (06 31) 3 16 89 - 0

eMail: fanshop@fck.de

Kartenvorverkauf

Info-Service
Telefon (06 31) 31 88 - 1 11

Kartenbestellung

Telefon: (06 31) 31 88 - 2 22
Telefax: (06 31) 31 88 - 2 99
eMail: kartenservice@fck.de

1. FCK im Internet:

www.fck.de

Vorstand

Jürgen Friedrich (Vorsitzender)

Gerhard Herzog

eMail: vorstand@fck.de

Aufsichtsrat

Dr. Robert Wieschemann (Vorsitzender)
Hubert Keßler (Stellvertr. Vorsitzender)
Annemarie Becker
Bernhard Deubig
Wolfgang Fritz
Arnold Neu
Walter Zuber

Rechnungswesen/Controlling

Erwin Göbel

Justitiar

Axel Ulmer

Sponsoring

Jürgen Bühler
eMail: sponsoring@fck.de

Merchandising

Thomas Reiland

Fanbeauftragter

Hans-Günter Neues
eMail: fanbeauftragter@fck.de

Ehrenrat

Dr. Wolfgang Gänger (Vorsitzender)
Dr. Willi Pfeifer (Stellvertr. Vorsitzender)
Otto Buhler
Dr. Rudolf Kees
Erwin Scheffler

Rechnungsprüfer

Herbert Bauer
Fritz Kuby
Gerhard Ultes

Abteilungen des 1.FCK

Gesamtfußball
Rudi Merk
Lessingstraße 7
67663 Kaiserslautern

Amateure
Peter Glöckner
Perlenbergstraße 22
67663 Kaiserslautern

Jugend-Fußball
Ernst Diehl
Am Stollen 43
67659 Kaiserslautern

Horst Fritsch
Brunnenstraße 56
67661 Kaiserslautern

Traditionsmannschaft
Hannes Riedl
Wiesenstraße 25 A
67707 Schopp

Ottmar Frenger
Julius-Küchler-Straße 15
67659 Kaiserslautern

Fußb.-Portugiesen
Jose Machado Gonsalves
Pfaffstraße 30
67655 Kaiserslautern

Basketball
Siegfried Migge
Carlo-Schmid-Straße 59
67663 Kaiserslautern

Boxen
Walter Freitag
Schandeinstraße 10
67657 Kaiserslautern

Handball
Jakob Welker
Kanalstraße 36
67655 Kaiserslautern

Jugendwarte
Edgar Thiel
Neugasse 49
67722 Winnweiler

Heiko Welp
Turnerstraße 54
67659 Kaiserslautern

Mitgliederwart
Walter Herbrand
Rud.-Breitscheid-Straße 83
67655 Kaiserslautern

Pressewart
Hans Rottmüller
Stresemannstraße 12
67663 Kaiserslautern

Hockey
Martin Hebach
Danziger Straße 69
67659 Kaiserslautern

Leichtathletik
Günther Aulenbacher
Herrenwiesental 39
67659 Kaiserslautern

Triathlon
Gerhard Bauer
Gersweilerweg 22
67657 Kaiserslautern

Ordnungsdienst
Uwe Barkanowitz
Langenwaldstraße 23
67806 Rockenhausen

Senioren
Artur Misamer
Donnersbergstraße 46
67657 Kaiserslautern

Running
Karlheinz Sander
Ludwig-Thoma-Straße 17
67663 Kaiserslautern

Fan-Beirat
Klaus Becker
Framersheimer Weg 2
55234 Hochborn

Lambrecht Volker · Lambrich Arno · Lamm Dominik · Lämmel Peter · Lamoth Karin · Lampert Gabriele · Lampis Fernando · Landau Christine · Landau Wolfgang · Landemann Werner · Lander Klaus · Landesbibliothek Pfälzische · Landry Kevin · Landry Marc · Landry Rolf · Landry Werner-Peter · Lanecki Michael · Lang Andrea · Lang Benedict · Lang Bettina · Lang Carmen · Lang Christian · Lang Claus · Lang Hans · Lang Harald · Lang Herbert · Lang Horst · Lang Iris · Lang Jochen K. · Lang Jürgen · Lang Matthias · Lang Matthias · Lang Max · Lang Melanie · Lang Michael · Lang Michael · Lang Michael · Lang Michael · Lang Oliver · Lang Peter · Lang Rudi · Lang Stefan · Lang Thomas · Lang Torsten · Lang Werner · Lange Michael · Lange Norbert · Lange Timo · Langenbahn Stefan · Langensiepen Gert · Langenströer Niklas · Langer Ronny · Langfinger Willi · Langhauser Anette · Langner Klaus Dieter · Langner Oliver · Lang-Osmani Fabian · Langowski Uwe · Lanig-Stefan · Lanuschny Matthias · Lanz Andrea · Lanza Renato · Lanzenstiel Michel · Lanzer Gerhard · Lanzerath Karl · Lanzloth Herbert · Lanzloth Stefan · Lapidakis Marco · Lapot Daniela · Laquaire Robert · Laque Dennis · Laque Karl-Heinz · Lätsch Peter · Lätsch Thomas · Latschar Maximilian · Latschar Wolfram · Laubach Udo · Lauber Hans-Werner · Lauber Thorsten · Laubmeister Kevin · Laubscher Margarete · Laubscher Monika · Lauer Artur · Lauer Christian · Lauer Daniel · Lauer Dominik · Lauer Edgar · Lauer Ellen · Lauer Erwin · Lauer Florian · Lauer Peter · Lauerburg Markus · Lauinger Barbara · Laurinat Günter · Lausberg Hans-Peter · Lausberg Tatjana · Lautenbach Hubert · Dr. Lautenbach Volker · Lautenschläger Frank · Lauterbach Daniela · Lauven Frank · Laux Franz-Josef · Laux Markus · Lava Marco · Lavall Bernard · Lavall Eleonore · Lavermann Martin · Lawall Roland · Lawnik Christoph · Lawnik Thomas · Lay Kathrin · Lay Volker · Layenberger Helmut · Layer Heidrun · Layer Heinz · Layer Wolfgang · Layh Simon · Layh Stefan · Lazaridis Stavros · Lebeck Kathrin · Lebeck Miriam · Lebens Josef · Lebkücher Peter · Lechner Eva · Lechner Karl-Heinz · Lechner Kurt · Lechner Norbert · Lechner Rolf · Lechner Sonja · Lechner Susanne · Lechner Thomas · Lechner Tine · Lechner Walter · Lechthaler Hans-Günther · Lederle Christian · Leduc Hans-Werner · Ledulé Thomas · Leger Franz · Leger Volker · Legner Andreas · Dr. Legrum Peter · Lehmann Andreas · Lehmann Dieter · Lehmann Dirk · Lehmann Markus · Lehmann Michael · Lehmann Reiner · Lehmann Rene · Lehmann Sabine · Lehmann Uwe · Lehmann Werner · Lehnert Attila · Lehr Bruno · Lehr Otto · Lehr Werner · Lehrbach Ralf · Leibel Ramona · Leibel Rüdiger · Leibfried Dirk · Leibfried Sven · Leibig Dirk · Leibrock Bernd · Leibrock Mario · Leibrock Philipp · Leichtfuß Walter · Leidecker Jens · Leidecker-Rödel Christina · Dr. Leidig Heinz-Dieter · Leidinger Sascha · Leidinger Uli · Leidner Frank · Leidner Janine · Leidner Marcel · Leidner Stefan · Leidorf Steffen · Leim Hans · Leimert Thomas · Leinenbach Jürgen · Leinenbach Waltraud · Leinenweber Hans · Leiner Edith · Leiner Marcus · Leiner Matthia · Leiner Norbert · Leipold Ralf · Leis Helmut · Leis Lieselotte · Leis Stefan · Leis Uwe · Leisen Werner · Leising Konrad · Leising Sigurd · Leisinger Ilse · Leismann Günter · Leist Bernhard · Leist Bettina · Leist Felix · Leist Sonja · Leist Udo · Leister Eike · Leister Karl-Georg · Leister Michael · Leistner Günther · Leithmann Luise · Leitner Karel · Leitner Robert · Leitner Thomas · Lelle Frank · Lelle Horst · Lembach Rudolf · Lemke Rüdiger · Lemm Bernd · Lemm Manfred · Lenhard Gunter · Lenhard Katharina · Lenhard Monika · Lenhard Ottmar · Lenhard Wolfgang · Lenhardt Irmgard · Lenhardt Philippe · Lenhart Hans-Günter · Lenhart Heinrich · Lenhart Michael · Lenk Peter · Lenke Thomas · Lennartz Stefan · Lensch Joachim · Lenz Carmen · Lenz Heinz · Lenz Niko · Lenz Patrick · Lenz Peter · Lenzen Julia · Leonhard Andreas · Leonhard Gerhard · Leonhard Thomas · Leonhardt Frank · Dr. Leonhardt Klaus · Leonhardt Kurt · Leonhardt Nicholas · Leopold Hagen · Leopold Petra · Lepper Christian · Leppla Kurt-Emil · Lerbs Burghard · Lerche Guido · Lesch Marc · Leschnik Thomas · Lesewa Harald · Leslie John Roberts · Lesmeister Karlheinz · Lessmeister Stefan · Lessoing Heiko-Paul · Letsch Frank · Letsch Steffen · Lettermann Matthias · Letting Denise · Letting Waltraud · Leubner Marcus · Leutz Gerd · Leutz Heinz · Leuze Alfred · Lewandowski Viola · Ley Felix · Licha Dieter · Licht Heinz · Licht Ralf · Lichtenberger Hagen · Lickteig Andreas · Lickteig Petra · Lickteig Wolfgang · Liebe Jonas · Liebenspacher Gerhard · Pater Lieberich Joaquim K. J. · Liebermann Gerhard · Liebert Markus · Liebl Christian · Liebrecht Stefan · Liebrich Ernst · Liebrich Hans · Liebrich Ludwig · Lied Christian · Liedermann Alfred · Liedermann Lore · Liehmann Leo · Liehmann Udo · Liell Horst · Liell Michael · Liersch Engelbert · Liersch Ronny · Liese Baldur · Liesenfeld Anja · Liesenfeld Egon · Liesenfeld Thorsten · Lietz Günther · Liginger Alexander · Lill Thomas · Lima da Costa Daniel · Lima-Costa Fernando · Limbach Hans-Dieter · Limbacher Claudia · Limbacher Peter · Limbeck Erich · Limpert Christian · Lind Frank · Lind Nadine · Lind Oliver · Linden Gerd · Lindenfelser Jürgen · Lindenmeier Marc · Linder Michael · Lindner Katrin · Lindon Eric · Link Denis · Link Monika · Link Timo · Link Torsten · Linke Michael · Linke Peter · Linke Roland · Linke Sebastian · Linkenbach Helmut · Linn Gunter · Linn Karla · Linn Karl-Hermann · Linn Marc · Linn Matthias · Linnenboden Rolf · Linnig Reimund · Linnig Uwe · Linsmayer Denis · Linsmayer Niklas · Linz Matthias · Lippert Johannes Albert · Lippert Stefan · Lippold Rene · Littig Dirk · Littig Michael · Littig Otto-Ernst · Littke Bernd · Litty Erwin · Litzel Karlheinz · Litzel Steffen · Litzenberger Jörg · Litzkow Uwe · Lobo Cristiano · Loch Friedrich · Loch Friedrich-Oliver · Loch Heinrich · Loch Oliver · Lochen Stefan · Locher Hans · Lock Reinhold · Lockett Marcel · Loechelt Tino · Loew Daniel · Loew Gerhard · Löffler Armin · Löffler Dominik · Löffler Heiko · Löffler Lars · Löhfelm Julia · Lohmann Stephan · Lohmar Andre · Lohr Klaus · Lommel Frank · Lommel Philip · Lommel Volker · Lontke Katja · Loosen Theo · Lörch Christian · Lörch Günther · Lordick Thomas · Lorentz Klaus · Lorentz Monika · Lorentz Peter · Lorentz Wolfgang · Lorenz Alexander · Lorenz Andreas · Lorenz Bruno · Lorenz Christian · Lorenz Horst · Lorenz Ingo · Lorenz Lothar · Lorenz Torsten · Lorfing Holger · Lorsbach Carl-Josef · Lörsch Fabian · Lorscheider Hans-Jürgen · Lorscheider Walter · Lösch Dirk · Lösch Günther · Lösch Ursula · Löschen Chris · Löschtrog Rolf · Lössner Lars · Loth Willi · Lotz Horst · Lotz Manfred · Louis Adolf · Louis Bruno · Louis Gerlinde · Louis Margarethe · Löw Herbert Klaus · Löwenbrück Silke · Löwenstein Stefan · Löwrick Thomas · Löwrick Ulrich · Luba Matthias · Lucas Christiane · Lück Thomas · Luckei Christian · Ludborzs Stefanie · Ludes Peter · Lüdicke Hannes · Ludwig Christoph · Ludwig Dieter · Ludwig Horst · Ludwig Jürgen · Ludwig Oliver · Lueb Andreas · Luft Hugo · Luft Sascha · Lui Michael · Luidolt Isabelle · Luik Heinrich · Luik Marc-Andre · Lukacsek Stefan · Lukas Kai · Lukas Martin · Lukas Timo · Lunk Andreas · Lunk Markus · Lunk Rainer · Lunsford Kenny · Lunsford Michael · Lüpkes Edzard · Lurken Stefan · Lurz Stefan · Lüth Christian · Lutsch Christian · Lütticken Thomas · Lutz Alexander · Lutz Daniel · Lutz Erhard · Lutz Gerhard · Lutz Janick · Lutz Josef · Lutz Joshua · Lutz Kerstin · Lutz Klaus · Lutz Marcus · Lutz Monika · Lutz Roger · Lutz Rony · Lutz Theo · Lutz Walter · Lutz Wolfgang · Lutz KG Gerhard · Lütz-Binder Eva · Lutzi Barbara · Lutzi Bernd · Lutzke Werner · Lux Ursula · Maag Theo · Maar Andreas · Maar Christian · Maar Stefan · Maas Christian · Maas Gerold · Maas Hans · Maas Karl · Mach Christian · Machado-Goncalves Jose · Machmerth Christoph · Macht Andreas · Mächtel bei Moser Marcus · Maciejewski Daniel · Mack Andreas · Mack Gerald · Mack Hubert · Mack Martin · Mack Michael · Mack Rita · Mack Stefanie · Mader Stefan · Mader Susanne · Dr. Madler Christian · Mäffert Birgit · Magel Andreas · Magenheimer Jan · Mages Eric · Mages Jesse · Mages Kevin-Ray · Magiera Rudi · Magin Mathias · Magin Wolfgang · Mahla Klaus · Mahler Friedrich · Mahler Klaus H. G. · Mahler Simone · Mahlert Felix · Mahnke Joachim · Mahr Christine Elisabeth · Mai Rene · Maier Franz-Josef · Maier Maximilian · Maier Michael · Maierhofer Madlin · Mainka Klaus · Mair Alfred · Mair Christel · Maisack Ann-Kathrin · Maisack Bernd · Maisack Gerd · Maisack Klaus · Maisack Yvonne · Maisenbacher Ewald F. · Majer Christian · Majer Manuela · Majewski Alexander · Majewski Ramona · Majewski Rolf · Majewski Tanja · Makko Stefan · Makowe Adolf · Malcherowitz Manuel · Maldener Steve · Malek Timo · Malewski Hartmut · Malitz Uwe · Maljavin Vasily · Mall Susanne · Malm Constance · Mang Michael · Mangerich Michael · Manges Maria · Mänges Christel · Mänges Heinz · Mangold Axel · Mangold Christine · Mangold Heinrich · Mangold Helmut · Mangold Kevin · Mangold Markus · Mangold Timo Nikolas · Mangold Uwe · Mangold Werner · Mangrich Hans-Georg · Mank Christoph · Mank Lars · Mann Andrea · Mann Bärbel · Mann Christine · Mann Patrick · Mann Philipp · Mann Steffen · Manner Daniel · Mannhart Karl · Mannheim GmbH Hermann · Mannweiler Anette · Mannweiler Horst · Mannweiler Karl-Heinz · Mannweiler Karsten · Mannweiler Nadine · Mannweiler Oliver · Mannweiler Otto · Mannweiler Ralf Artur · Mannweiler Richard · Mannweiler Roland · Mannweiler Sascha · Mannweiler Walter · Manz Inge · Manz Irene · Marburger Martin · Marchione Robin · Marcinkowski Manfred · Marenbach Andreas · Marenbach Holger · Marhöfer Johanna · Marhöfer Ottmar · Marhöfer Patrick · Marhöfer Reinhard · Marioneck Loredana-Sabrina · Marioneck Stephan · Marker Hans · Marker Martin · Markuse Werner · Marky Inge · Marnet Bettina · Marnet Helmut · Marohn Volker · Marquardt Christian · Marquardt Franz · Marschall Kerstin · Marschall Keshia · Marschall Olaf · Marschall Rainer · Marte Paul · Martensen Tanja · Martenstein Klaus · Martin Björn · Martin Dirk · Martin Dirk S. · Martin Eric · Martin Frank · Martin Gerold · Martin Joerg · Martin Jörg · Martin Moritz · Martin Niklas · Martin Raimund · Martin Roland · Martin Rudolf · Martin Silke · Martin Simon · Martini Klaudia · Martini Steffen · Martins Dominick · Martins Jorge · Martins Manuel · Marwinsky Theo · Marx Christian · Marx Daniel · Marx Frank · Marx Helmut · Marx Karin · Marx Norbert · Marx Peter · Marx Torben · Marx Udo · Marx Ulrich · Marx Werner · Marx Wolfgang · Marx Wolfram · Marxen Johannes · Marxen Kerstin · Marxen Maximilian · Marxen Robert · Marz Andreas · Marz Andreas · Marz Gerti · Marz Jonas · Marz Rouven · März Dominik · Marzahn Edgar · Marzlin Oliver · Mascioni Norbert · Mast Werner · Matedi Sascha · Mathäß Doris · Matheis Daniel · Matheis Dirk · Matheis Dirk · Matheis Gunter · Matheis Jan · Matheis Markus · Matheis Rosa · Mathieu Eric · Mathis Frieder · Mathis Ingo · Mathuse Olaf · Matissek Daniel · Matissek Reinhard · Matmuja Zyber · Mattern Lothar · Mattern Steffen · Mattern Willi · Mattersteig Dieter · Mattes Raymund · Matthes Christian · Matthes Helmut · Matthes Karl · Adam · Matthiae Mike · Matthias Marc · Matthias Nico · Matthias Thomas · Matz Herbert · Matz Peter · Matzke Tina · Maue Helmut · Maue Philipp · Mauerer Willi · Maurer Elmar · Maurer Gerhard · Maurer Herbert · Maurer Herbert · Maurer Michael · Maurer Patric · Maurer Patrick · Maurer Rainer · Maurer Ralf · Maurer Raymond · Maurer Sigrid · Maurer Walter · Mäurer Gunter · Maus Dennis · Maus Hermann · Mauser Rolf · Mauß Thorsten · Maußhardt Jörg · May Claus · May Frank · May Fritz · May Hans-Jakob · May Josef · May Willi · Mayer Adam · Mayer Andreas · Mayer Angelika · Mayer Christian · Mayer Christian · Mayer Daniel · Mayer Dieter · Mayer Dimitri · Mayer Dirk · Mayer Ernst · Mayer Frank · Mayer Friedel · Mayer Friedrich · Mayer Hans · Mayer Heidrun · Mayer Heinz · Mayer Helga · Mayer Jürgen · Mayer Kerstin · Mayer Ludwig · Mayer Marcus · Mayer Mario · Mayer Markus · Mayer Norbert · Mayer Peter · Mayer Ralf · Mayer Richard · Mayer Rolf-Henning · Mayer Sabrina · Mayer Stephan · Mayer Thorsten · Mayer Torsten · Mayer Torsten · Mayer Ursula · Mayer Werner · Mayer Werner · Mayer Werner · Mayerhöfer Wilfried · Mazzoleni Jürgen · Mechel Thomas · Mechler-Mohr Dieter-Wendelin · Meckes Harald · Meckes Max · Dr. Meckes Peter · Meerbothe Marc · Mehlem Anna · Mehlem Thorsten · Mehler Dieter · Mehlis Dieter · Mehrbreier Michael · Mehrbreier Ralf · Meier Björn · Meier Christoph Karl · Meier Eugen · Meier Hans-Jürgen · Meier Hanspeter · Meier Harald · Meier Henning · Meier Peter · Meier Reinhard · Meierhöfer Mario · Meiler Wolfgang · Meindorfner Manfred · Meinen Jörn · Meinert Michael · Meininger Harald · Meisen Martin · Meisenheimer Daniel · Meisinger Paul · Meissner Ingrid · Meissner Peter · Meissner Thomas · Meisterling Manuel · Meixner Gerhard · Meixner Horst · Meixner Martina · Melis Marcus, Antonio · Mellert Christofer · Mellinger Thomas · Melsbach Hartmut · Melzer Werner · Memmer Harry · Memmer Helga · Memmer Thomas · Mendel Dominik-Jean-P. · Mendel Horst · Mendel Klaus-Walter · Meng Dieter · Menges Thorsten · Mensch Marie · Mentz Alois · Mergen Wilfried · Mergenthaler Martin · Merk Bianca · Dr. Merk Markus · Merk Otto · Merk Rudi · Merkel Carsten · Merkel Christoph · Merkel Dirk · Merker Christian · Merkle Karl · Merle Herbert · Mermagen Hans · Merrifield Ryan Blair · Merritt Gregory · Mersch Jakob · Merseburg Bernd · Mersinger Ivonne · Mertel Stephan · Merten Markus · Mertens Jan · Merz Dieter · Merz Erwin · Merz Wilfried · Merzhäuser Matthias · Mesa Gonzalez Selina · Messbacher Roswitha · Messerschmitt Manfred · Messing Artur · Meta Ilias · Meta Lulzim · Mettel Thomas · Mettler Helmut · Metz Dieter · Metz Matthias · Metzdorf Frank · Metzentin Klaus · Metzger Holger · Metzger Jürgen · Metzger Klaus · Metzger Norbert · Metzger Steffen · Metzinger Benjamin · Metzler Hans · Metzner Hans · Meuler Peter · Meyer Armin · Meyer Carolin · Meyer David · Meyer Egon · Meyer Gunter · Meyer Heiko · Meyer Klaus-Dieter · Meyer Marc · Meyer Markus · Meyer Markus · Meyer Michael · Meyer Paul · Meyer Peter · Meyer Sabine · Meyer Simon · Meyer Stephan · Meyer Susanne · Meyer Ulrich · Meyer-Ricks Robin · Mian Stefan · Michalski Uwe · Michel Dominik · Michel Edeltraud · Michel Hans-Peter · Michel Jürgen · Michel Marcus · Michel Michael · Michel Peter · Michel Sandra · Michel Volker · Michel Werner · Michelbach Jens · Michelbach Werner · Michels Junia · Michels Kerstin · Michels Maxim · Michels Thomas · Mickisch Reinhard · Mielke Niklas · Miesel Florian · Mießl Matthias · Mietzker Christine · Migge Siegfried · Migge Vanessa · Mikosch Joachim · Miladinovic Aleksandar · Milch Matthias · Mildenberger Ingo · Mildenberger Karl · Mildenberger Mara · Mildenberger Nicole · Milenkovic Marcel · Milenkovic Michel · Milia Silvano · Milwa Maria · Milz Gisela · Dr. Milz Helmut · Milz Markus · Mindermann Stefan · Minicucci Alessia · Minicucci Antonio · Minicucci Rocco · Mink Tanja · Minn Harald · Misamer Artur · Misamer Carsten · Misamer Ernst · Misamer Thomas · Mischler Fabian · Misskampf Stefan Carlo · Mitsch Michael · Mittelmeier Irmgard · Möckel Nicole · Moehn Franz · Mogendorf Markus · Moggert Guido · Mogk Alfred · Möhle Wolfgang · Mohler Michael · Mohler Nadine · Mohler Sascha · Mohler Sven Oliver · Mohr Arnold · Mohr Christian · Mohr Dennis · Mohr Dominic · Mohr Erhard Günther · Mohr Helmut · Mohr Johannes · Mohr Manfred · Mohr Markus · Mohr Melanie Berta · Mohr Michael · Mohr Peter · Dr. Mohr Thomas · Mohr Thomas · Mohrbacher Norbert · Möhrke Udo · Möhrle Karl-Friedrich · Mohrs Herbert · Moldt Yvonne · Molitor Ralf · Moll Anja · Moll Hans · Moll Karl · Moll Michael · Mollen Herwig · Mollen Kurt · Mollen Melanie · Möllinger Hermann · Molter Christa · Molter Christopher · Molter Monika · Molter Norbert · Molter Wolfgang · Monath Peter · Mönch-Schröder Sieglinde · Monnheimer Karl-Friedrich · Monni Angelo · Montada Manuela · Montaperto Giuseppe · Monteirinho Bruno · Monteirinho Diego · Monteirinho Romario · Monteiro Domingos · Monteiro Rene · Monteiro da Costa Jose · Monteleone Francesco · Monteleone Pasquale · Monteleone Rosario · Moock Andy · Moock Stephan · Moog Doris · Moog Thorsten · Moog Willi · Moos Andreas · Moos Christian · Morawetz Michael · Moreira Marcos · Morell Hans Peter · Morgenschweis Dominik · Morgenstern Kurt · Morgenthaler Martin · Morin Jean-Marie · Morina Armend · Morio Horst · Moritz Mario · Moritz Niklas Dirk · Moritz Steffen · Moritz Ulrike · Morrell Trent · Morsch Erwin · Mörschel Helmut · Mörschel Mathias · Mörsdorf Berit · Mörsdorf Hanne · Mörsdorf Mario · Mörsdorf Maximilian · Dr. Mörsdorf Oswald · Morzik Horst · Mosbach Monika · Mosch Matthias · Moser Alexander · Moser Anja · Moser Christine · Moser Jessica · Moser Klaus · Moser Raimund · Moser Wolfram · Moser-Praefcke Tanja · Moser-Schönig Petra · Mosler Oliver · Mossmann Herbert · Mossmann Marco · Mossmann Rainer · Mostert Danny · Mottausch Jan · Motz Christian · Motz Sascha · Motz Sven · Motz Willi · Motzenbäcker Axel-Dirk · Motzenbäcker Günther · Motzenbäcker Jan Phillipp · Motzenbäcker Sören · Motzenbäcker Stefan · Moura Fabio · Möwis Ulrich · Mrose Jens · Mross Axel · Muck Kurt · Mugler Anke-Andrea · Muhamet Salihu · Mühl Adrian · Mühl Alexander · Mühl Andreas · Mühl Jochen · Mühl Volker · Mühl Werner · Mühl Wolfgang · Mühlbauer Regina · Mühlberger Manfred · Mühlen Hans-Jürgen · Mühlen Michael · Mühlhäuser Fredy · Mühmel Andreas · Mularczyk Sonja · Müller Aaron · Müller Alexander · Müller Alexander · Müller Alexander · Müller Alfons · Müller Alois · Müller Andreas · Dr. Müller Andreas · Müller Arno · Müller Beate · Müller Bernd · Müller Bernd · Müller Bernd · Müller Bernd · Müller Bernhard · Müller Björn · Müller Carina · Müller Carsten · Müller Christian · Müller Christian · Müller Christian · Müller Christine · Müller Daniela · Müller Dennis · Müller Dieter · Dr. Müller Emil · Müller Felix · Müller Frank · Müller Frank · Müller Frank · Müller Frank · Müller Franz-Josef · Müller Gianluca · Müller GmbH + CO-KG · Müller Guido · Müller Günter · Müller Hagen · Müller Hans-Georg · Müller Hans-Werner · Müller Herbert · Müller Hermann · Müller Horst · Müller Horst · Müller Horst · Müller Horst · Müller Ingo · Müller Jan · Müller Jessica · Müller Johannes · Müller Johannes · Müller Jörg · Müller Jörg-Michael · Müller Jörn · Müller Jürgen · Müller Kai · Müller Kai · Müller Karen · Müller Karin · Müller Karl-Friedrich · Müller Katharina · Müller Katja · Müller Klaus · Müller Klaus · Müller Klaus · Müller Klaus · Müller Kurt · Dr. Müller Lothar · Müller Lothar · Müller Manfred · Müller Marcel · Müller Marcel · Müller Marco · Müller Marco · Müller Marcus · Müller Marcus · Müller Mark · Müller Marko · Müller Markus · Müller Markus · Müller Mathias · Müller Matthias · Müller Matthias · Müller Matthias · Müller Melanie · Müller Michael · Müller Michael · Müller Michael · Müller Michael · Müller Michael · Müller Michael · Müller Michael · Müller Monika · Müller Monika · Müller Norman · Müller Norman · Müller Oliver · Müller Patrick · Dr. Müller Peter · Müller Peter · Müller Petra · Müller Rainer · Müller Rainer · Müller Ralf · Müller Reimund · Müller Reinhard · Müller Roland · Müller Rolf-Georg · Müller Ronny · Müller Rüdiger · Müller Sabine · Müller Sascha · Müller Sebastian · Müller Stefan · Müller Stefan · Müller Steffen · Müller Sven · Müller Thomas · Müller Thomas · Müller Thomas · Müller Tobias · Müller Walter · Müller Werner · Dr. Müller Werner · Müller Werner · Müller Wilhelm · Müller Willi · Müller Willi · Müller Willi · Müller Wolfgang · Müller Wolfgang · Müller Wolfgang · Müller Wolfgang · Müller Zacharoula · Dr. Müller-Emmert Adolf · Müller-Emmert Andrea · Müller-Stahlmann Helmut · Mumm Karl · Münch Claudia · Münch Doris · Münch Hartmut · Münch Heiko · Münch Helmut · Prof.- Dr. Münch Joachim · Münch Johannes · Münch Johannes · Münch Karl · MünchMaik · Münch Marisa · Münch Michael · Münch Peter · Münch Philipp · Münch Stephan · Münch Thomas · Münch Werner · München Markus · Münchschwander Fabio · Münchschwander Thomas · Mundorff Johanna · Mundorff Noel · Mundschau Uwe · Munson Antoine · Munz Annika · Munz Heinrich · Munz Jürgen · Münzebrock Achim · Mürb Patrick · Mürb Ralf · Mürlebach Rolf · Murru Ralf · Mürtz Walter · Müsch Heiko · Müsch Markus · Muscheid Dietmar · Müsel Joachim Stefan · Musolf Markus · Müssig Claudia · Müssig Kai · Müssler Christian · Muth Ansgar · Muth Cornelia · Muth Werner · Mutter Heidi · Mutter Heinz · Mutter Kurt · Mutz Hans-Walter · Muy Catherine · Muy Sebastian · Nachbauer Hans · Nachtigall Frank · Nachtrieb Waldemar · Nagel Björn · Nagel Heiko · Nagel Markus · Nagel Nadine · Nagel Udo · Nagelschmidt Sven · Nahlenz Peter · Nairi Giancarlo · Napp Reiner · Naß Christian · Naß Oliver · Naßhan Sven · Nastold Ivo · Natter Klaus · Natter Patrick · Nau Stefan · Nauerz Sascha · Nauheimer Achim · Nauheimer Michael · Naujock Walter · Naujok Andreas · Naumann Andre · Naumann Dirk · Nawrath Jonas · Nazarenus Alexander · Nebelung Thomas · Nees Rudolf · Neff Marcus · Neff Rüdiger · Negele Hans-Peter · Neger Holger · Neger Silke · Neher Matthias · Nehls Kristina · Nehmer Laura · Neigenfink Tom · Neiheiser Dirk · Neijhoft Jonas · Neises Mario · Neisius Emily-Marie · Neisius Martin · Neiß Eckhard · Neitzert Stefan · Neitzert Timo · Nelius Hermann · Nell Manfred · Nell Rolf · Neri Thomas · Nermerich Manfred · Neske Karlheinz · Nesseler Reinhard · Nesseler Werner · Nett Gerhard · Netzel Alexander · Neu Arnold · Neu Edgar · Neu Emil Theodor · Neu Horst · Neu Hubert · Neu Maren · Neu Moritz · Neu Peter-Jürgen · Neu Walter · Neu Winfried · Neuert Brigitte · Neues Hans-Günther · Neugebauer Alexander · Neuhaus Andreas · Neuheisel Marcus · Neuheisel Nico · Neuheisel Stephanie · Neuhof Markus · Neumann Alexander · Neumann Felix · Neumann Gerhard · Neumann Hans · Neumann Josef · Neumann Lukas · Neumann Marvin · Neumann Patrick-Christian · Neumann Rudi-Gerd · Neumann Sebastian · Neumann Sven · Neumann Thomas · Neumann Timo · Neumann Tobias · Neumann Viktor · Neumann Volkmar · Neumann Wicko · Neumayer Daniela · Neumayer Henning · Neun Jürgen · Neuner Bettina · Neunzling Arthur · Neurohr Bettina · Neurohr Martin · Neurohr Thomas · Neuroth Helmut · Neuwirth Rüdiger · Neves Luis · Ney Jean Claude · Neyer Rolf · Nezamolislami Ehsan · Niche Jörg · Nicholson Beate · Nicke Alina · Nicke Andreas · Nickel Manfred · Nickenig Wolfgang · Nickl Alois · Nicklas Klaus · Nicolaus Heinz · Nicolaus Sascha · Nicolay Axel · Niebergall Uli · Nied Siegfried · Niederauer Christian · Niederberger Ottokar · Dr. Niederer Wolfgang · Niedermayer Hans · Niederprüm Jörg · Nielsen Volker · Niemann Anja · Niemann Michael · Niemes Antje-Christina · Nierling Karl-Heinz · Niessen Rainer · Niessner Marco · Niewels Hagen · Niewels Helge · Niggenaber Oliver · Nikolaus Bernd · Nillius Christian · Ningelgen Alexa · Dr. Niroomand Iraj · Nisch Reinhold Ludwig · Nisius Markus · Nitschke Florian · Nitschker Christoph · Noack Martin · Nock Johannes · Noe Stefanie · Noll Bernd · Noll Karl-Otto · Noll Klaus · Noll Matthias · Noll Petra · Nöll Wilfried · Nonn Guido · Nonn Lothar · Noparlik Roland · Norberger Bernd · Norman Andrew · Nosian Stefanie · Nöske Gisbert · Nöske Jochen · Nöske Yannik · Nothvogel Marco · Nötzig Hansgeorg · Nowack Thomas · Nowak Alexander · Nowak Peter · Nungesser Georg · Nunius Torbjörn · Nunius Werner · Nürnberger-Kegler Karl-Heinz · Nürnberger-Kegler Ulrike · Nussbickel Manuel · Nußhag Christian · O`Hagan Dennis · Obenauer Dirk · Obenauer Jochen · Ober Matthias · Oberhauser Franz · Dr. Oberling Manfred · Oberst Thomas · Oberstaller Anton · Obert Holger · Oberwinkler Ernst · Obry Norbert · Obst Rainer · Ochotta Gabriele · Ochs Claudia · Ochs Hans · Ochs Norbert · Ockel Thomas · Ocwirk Karl-Heinz · Oehler Christoph · Oehler Nicolas · Oehler Reinhard · Oehler Volker · Oehmig Stefan · Oelstrom Claudia · Oertel Michael · Oesswein Dieter · Oesswein Sonja · Oest Bruno · Oest Iris · Oest Michael · Oester Manuel-Robert · Oette Frank · Ofenloch Jürgen · Offer Christian · Offermann Roland · Offermanns Dieter · Ofiara Christian · Ofiara Claudia · Ogait Horst · Ogbamicael Teclit · Ohl Wolfgang · Ohlenschläger Patrick · Ohlenschläger Peter · Ohler Daniel · Ohler Dominik · Ohler Herbert · Ohliger Frank · Ohliger Marianne · Ohm Edwin · Ohmer Frank · Ohnemüller Frank · Olbert Cornelia · Olschowka Kerstin · Oltmann Jürgen · Onken Michael · Onken Patrick-Valerius · Opitz Hans-Norbert · Opp Claudia · Oppelland Hermann · Oppermann Karl · Orban Willi · Orians Christian · Orifici Salvatore · Orlow Richard · Orschel Clare · Orschel Ralph · Orschiedt Paul · Orth Bernhardt · Orth Holger · Orth Hubert · Orth Peter · Orth Robert · Orth Wilhelm · Orth Wolfgang · Orthey Uwe · Ortmanns Frank · Ospelt Bernd · Ospelt Daniel · Osswald Martina · Oster Dominik · Oster Erik · Oster Reiner · Oster Rudolf · Osterkamp Ulrike · Ostermann Marco · Ostertag Heinrich · Osthoff Oliver · Ostmann Manfred · Oswald Gerhard · Oswald Matthias · Oswald Stefanie · Ott Bernd · Ott Dave · Ott Hans Joachim · Ott Norbert · Ott Sven · Otte Markus · Otter Bruno · Otto Heike · Otto Josef-Michael · Otto Mathilde · Prof. Dr. Overbeck Werner · Overfeld Josef · Padberg-Mootz Carmen · Paepcke Dieter · Pagels Beate · Pagels Hilde · Pagels Ingrid · Pagnozzi Paolo · Pahl Marco · Pahler Gerhard · Pahler Monika · Pahler Timo · Palladino Ramona · Dipl.-Ing. Paller Andreas · Paller Manfred · Palm Kai-Uwe · Palm Kristof · Palm Markus · Palmes Stefan · Palomares Raul · Palzer Benjamin · Pankalla Anke · Pankatz Elke · Pankonin Günther · Panz Manuela · Papantoniou Manuel · Pappon Markus · Parance Christian · Paritzsch Nicole · Parr Manfred · Parry Stephen · Paschek Jochen · Paschek Stephanie · Pasternak Anna · Paszyna Paul · Päth Ulrich · Patzig Marko · Paul Christian-Stephan · Paul Christine · Paul Gerhard · Paul Heike · Paul Heike · Paul Mathias · Paul Peter · Paul Rainer · Paul Ralph · Paul Raymond · Paul Roland · Paul Rudi · Paul Thomas · Paul Tim · Paul Udo · Paul Uta · Paul Volker · Paul Walter · Paulus Daniel · Paulus Diethelm · Paulus Guido · Paulus Jürgen · Paulus Wilfried · Paulus Yvonne · Pavic Zdravko · Pawalas Norbert · Pawlitschko Karl-Heinz · Peach Dana · Peck Sebastian · Peifer Achim · Peifer Herbert · Peil Robert · Pein Maik · Peine Ulrich · Pelka Christian · Pelt Georg Christian · Pelz Jürgen · Pelzer Sascha · Pelzer Sebastian · Penk Michael · Pereira Antonio Jose · Pereira-Barros Jose · Perkons Janis · Perkons Juris · Pernter Boris · Persau Friedrich · Persau Norbert · Persch Günter · Perscheid Thorsten-Stephan · Peter Andreas · Peter Hans-Joachim · Peter Karl · Peter Tobias · Petermann Anja · Petermann Axel · Petermann Christian · Peters Heinrich · Peters Jasmin · Peters Jürgen · Peters Klaus-Dieter · Peters Kurt-Ludwig · Peters Peter · Peters Reiner · Peters Steve · Petersen Rüdiger · Dr. Peters-Kerth Doris · Peterson Scott · Prof. Dr. Petillon Hanns · Petri Frank · Petri Jörg · Petri Thomas · Petri Tobias Klaus · Petritsch-Divivier Dagmar · Petrusch Marco · Petry Ernst · Petry Frank · Petry Frank · Petry Heinz · Petry Helmut · Petry Jürgen · Petry Kurt · Petry Otmar · Petry Rainer · Petry Ruben · Petry Stefan · Petry Thorsten · Petry Walter · Petsch Sebastian · Pettersson Jorgen · Petznick Kurt · Petzold Gabriele · Peycke Henning · Pfaff Michael · Pfaff Bruno · Pfaff Dieter · Pfaff Emanuel · Pfaff Frank · Pfaff Gunther · Pfaff Maximilian · Pfaff Miriam · Pfaff Monika · Pfaff Rüdiger · Pfaffenrath Mathias · Pfaffmann Hans-Hellmut · Pfahl Karl Adolf · Pfahler Dietmar · Pfalzgraf Rudi · Pfeffer Karl-Heinz · Pfefferkorn Ulrich · Pfeifer Bernd · Pfeifer Florian · Pfeifer Jürgen · Pfeifer Marcel · Pfeifer Michael · Pfeifer Stefan · Pfeifer Thomas Jörg · Dr. Pfeifer Willi · Pfeiffer Hans-Jürgen · Pfeiffer Marc · Pfeiffer Paul-Reinhold · Pfestorf Carolin · Pfirrmann Peter · Pfirrmann Stephan · Pfister Jörg · Pflanz Jürgen · Pflaume Alfred · Pfleger Hans-Peter · Pfleger Joachim · Pfleger Karl-Ernst · Pfleger Marcus · Pfleger Sarah · Pfleger Thomas · Pfüller Rudi · Philipp Christian · Dr. Philipp Egon · Pichler Johann · Piechaczek Egon-Paul · Pieles Hermann · Pieles Jörg · Pieper Patrick · Pieroth Daniel · Pierschke-Könitzer Gita · Pies Kai · Pilgrim Christiane · Pillmeyer Björn · Pilpin Helmut · Pinger Jochem · Pinhammer Lothar · Pinheiro Fernanda · Pinheiro Paulo · Pinheiro Ricky · Pinheiro Timo · Pink Günter · Pink Hans-Joachim · Pint Erik · Pinto Armando · Piontek Gerhard · Piroth Anna · Pirro Michael · Pirron Alexander · Pirron Hans-Peter · Pitz Matthias · Placzek Roland · Plank Gerhard · Plankmeister Jürgen · Planz Fabian · Platz Werner · Plaul Stefan · Plaum Stefan · Plehn Markus · Plehn Michael · Plein Detlef · Pleksnies Lutz · Pletsch Karl · Pletsch Werner · Pletz Charlotte · Ploch David · Plöchl Oskar · Plorin Horst · Plötz Stefan · Pochalla Waldemar · Pochert Heidi · Poeck Manuela · Pogrzeba Maria · Pohl Bernd · Pohl Harald · Dr. Pohl Reinfried · Pohl Reinfried · Pohle Mari · Pokern Gerhard · Polanski Dietmar · Pölcher Hermann · Polderl Francine · Pölger Heinz-Peter · Pollard Justin · Polm Klaus · Poltrock Reiner · Pomhoff Ingmar · Pommeranz Markus · Pommeranz Yvonne · Pontasch Christian · Pontes Dominik · Pontes Günter · Pontes Karina · Pontes Mario · Pontes Simone · Poos Jos · Popa-Stühler Norbert · Poppick Uwe · Pörner Marco · Pörsch Steffen · Port Franz · Port Philip · Porten Matthias · Pörtner Heinz · Porwoll Rene · Poss Thomas · Post Martin · Potdevin Yannick Ralf · Poure Michael · Poznar Eva-Maria · Praefcke Lorenz · Praefcke Marcel · Prag Erich · Prangenberg Willi · Praß Sascha · Prattes Karl · Preis Dieter · Preis Jasmin · Preis Werner · Presser Markus · Pressler Rudi · Prestele Janina · Prestenbach Klaus · Pretzell Viola · Pretzsch Rainer · Preuninger Thorsten · Preuß Helmut · Prickett Neil · Prien Gudrun · Prill David · Primavera Julia · Primke Ronald · Prinz Manfred · Prinz Michael · Prinzkosky Willibald · Pritsch Peter · Probeck Sascha · Probeck Sonja · Probst Martin · Pröbst Norbert · Prokesch Harald · Pröser Wolfgang · Prosser Franco · Prothmann Thomas · Prucker Wolfgang · Prümm Carsten · Prusevicius Helmut · Prusevicius Susanne · Przewosnik Heinz · Puhl Markus · Pulter Dieter · Pülz Hans-Georg · Puppe Thomas · Purper Cassandra · Purschke Sylvia · Pust Hans-Jürgen · Putsch Ulrich · Pütz Franz · Pütz Hans · Pytloch Eduard · Quante Niels · Quante Wolfgang · Queling Christoph J. · Quirin Anne Maria · Raab Adolf · Raab Dieter · Raab Harry · Raab Klaus · Raab Sebastian · Rabe Philipp · Dr. Rabe Udo · Raber Simone · Raber Thomas · Rack Normen · Raczinski Uwe · Radau Katja · Radde Alexander · Rademacher Peter · Räder Helmut · Radke Harald · Radmacher Dominik · Radmacher Siegfried · Radon Manfred · Radzei Sierk · Dr. Raff Stephan · Raffel Alfred · Ragaller Ingo · Rahm Daniel · Rahm Günter · Rahm Marco · Rahm Peter · Rahn Isabell · Rahn Katharina · Rahn Wilhelm · Dr. Rainer Bernhard · Rainer Dominik · Raith Harry · Ramzy Hany · Randall Adrian · Randall Karsten · Randolph Michael · Ransweiler Fred · Ransweiler Rüdiger · Rapedius Dieter · Dr. Rapp Andreas · Rapp Christiane · Rapp Eugen · Rapp Harald · Rapp Heinz · Rapp Holger · Rapp Noel · Rapp Wilfried · Rappenecker Bernd · Raquet Peter · Raquet Philipp · Rasch Helmut · Raschke Stefanie · Rasmussen Andreas · Rasp Peter · Raster Friedrich · Rathgeber Bernd · Rathgeber Lieselotte · Rau Dorian · Rau Haimo · Rau Martin · Rau Pascal · Rau Tanja · Rausch Tobias · Raygrotzki Ursula · Rebholz Hansjörg · Rebholz Thomas · Rebmann Evelyne · Rebmann Franz · Rech Günter · Rech Margit · Rech-Linker Udo · Recker Gerhard · Reckert Marco · Recktenwald Christian · Recktenwald Holger · Recktenwald Michael · Recktenwald Mike · Recktenwald Mike · Recktenwald Stefan · Recktenwald jun. Michael · Redenbach Bernd · Redenbach Heinz · Redenbach Stefan · Reder Clarissa · Redert Jens · Reeb Katharina · Reeb Lisa · Reeb Thomas · Reeb Volker · Reffert Hans · Reffert Thomas · Regenauer Volker · Regenbogen Kurt · Regeniter Christel · Reget Andreas · Regitz Michael · Regitz Stefan · Regitz Volker · Reh Fritz · Reh Henning · Rehahn Patrizia · Rehhagel Otto · Rehm Florian · Rehm Harald · Rehm Helmut · Rehm Klaus · Rehm Sascha · Rehm Stefan · Rehmet Dominic · Rehner Brigitte · Rehner Nicolas · Rehse Erich · Dr. Reiber Manfred · Prof. Dr. Reiber Thomas · Reich Marco · Reich Marius · Reich Sebastian · Reichard Thorsten · Reichardt Jürgen · Reichel Dirk · Reichel Ralf · Reichelt Enrico · Reichelt Hans-Peter · Reichelt Marcel · Reichenbecher Hans-Jürgen · Reichert Kai-Uwe · Reichert Nico · Reichert Philipp · Reichhart Lukas · Reichling Ulrich · Reifenberg Wolfgang · Reihl Michael · Reiland Thomas · Reiling Christian · Reiling Frederik · Reimann Alexander · Reimann Ditmar · Reimann Karl-Heinz · Reimer Sven · Reimer Thomas · Reimers Heico · Rein Roland · Rein Volker · Reinert Günther · Reinert Kevin · Reinert Peter · Reinert Sebastian · Dr. Reinert Uwe · Reinhard Eric · Reinhard Jürgen · Reinhardt Volker · Reinhart Adolf · Reinke Andreas · Reinke Chris · Reinke Viktoria · Reinshagen Frank · Reinspach Matthias · Reiplinger Matthias · Reis Amilcar · Reis Dennis · Reis Erhard · Reis Joachim · Reis Karl-Heinz · Reis Marc · Reis Peter · Reis Renate · Reis Stephan · Reischmann Jörg · Reisel Harald · Reiser Nicolas · Leon · Reiss Aribert · Reiss Christian · Reiss Günter · Reiss Helmut · Reiss Jörg · Reiss Jürgen · Reiss Klaus · Reiss Patrick · Reiss Walter · Reiter Dominik · Reiter Franz · Reiter Steffen · Reitz Jürgen · Reitz Sanna · Remler Andrea · Remler Maria · Remscheid Willi · Remy Fritz-Peter · Remy Johannes · Rendel Kurt · Renneisen Michael · Renner Eric · Renner Günter · Renner Manfred · Renner Richard · Rentershahn Martin · Rentzsch Manfred · Renz Erik · Renz Simone · Repp Frank · Repp Thomas · Reppenhagen Heide · Resic Edis · Rett Rabea Katharina · Rettenbacher Uwe · Rettig Gerhard · Rettig Hans · Retz Heinz · Reul Klaus-Dieter · Reuland Daniel · Reule Benjamin · Reusch Andreas · Reuschenbach Christina · Reuter Andrea · Reuter Tobias · Reuter Torsten · Reuter Volker · Reuthebuch Arnold · Reuther Bernd · Reytmaier Alexandra · Rhein Holger · Rheinard Karl · Rheinard Maximilian · Rheinard Sebastian · Rheinfrank Günter · Rheinfrank Ingrid · Rheinfrank Lydia · Rheinhardt Roger · Rheinheimer Bernhard · Rheinheimer Bianca · Rheinheimer Gerd · Rheinheimer Helmut · Rheinpfalz GmbH & Co.KG · Rheinwalt Simon · Ribback Markus Joachim · Ribeiro Jose-Luis · Richter Annette · Richter Armin · Richter Erika · Richter Helga · Richter Max · Richter Ralf · Richter Ralph · Richter Winfried · Riebe Christian · Riebel Willi · Rieck Horst · Rieck Markus · Riedel Josef · Rieder Erich · Rieder Hans · Rieder Kurt · Rieder Marleen · Rieder Rene · Riedinger Eckehard · Riedinger Kurt · Riedinger Rudi · Riedinger Sören · Riedl Hans · Riedle Rudolf · Riedling Fritz · Riedmaier Theresia · Rief Alois · Rief Armin · Rief Michael · Riefler Bernhard · Riegel Ralf Rainer · Riegel Uwe · Rieger Klaus · Rieger Michael · Riemke Bernd · Rienecker Sascha · Ries Christian · Ries Patrick · Ries Roger · Ries Ursula · Rieth Mario · Riga Björn · Rikart Björn · Rimkus Thomas · Rimmelspacher Benjamin · Rinder Alena · Rinder Elvira · Rinder Oliver · Rinder Peter · Ring Angelika · Ringeisen Michael · Ringel Thorsten · Ringel Udo · Ringelstein Michael · Ringle Manfred · Ringleb Dieter · Rink b. Kirchner Petra · Rinklef Klaus · Rinklef Roswitha · Rinne Timo · Rinnert Rolf · Risch Dirk · Risch Manfred · Risch Marc-Steffen · Ristau Manfred · Rith Erich · Rith Gerald · Ritter Karl-Heinz · Ritter Markus · Ritter Maximilian · Ritter Michael · Dr. Ritter Michael · Ritter Norbert · Ritter Werner · Ritterböck Marc · Ritterböck Timo · Rittersbacher Georg K. Ph. · Rittmann Frank · Rittmann Kurt · Ritz Matthias · Ritzinger Alois · Ritzinger Monika · Ritzinger Pasqual · Ritzmann Dirk · Ritzmann Helmut · Roatz Erich · Robisch Joseph · Roch GmbH Druckhaus · Rochmes Michael · Rock Jürgen · Rockenbach Alexander · Rockenfeller Michael · Rocker Thomas · Rodach Helmut · Rödder Horst · Rode Ulrich · Rödel Caroline Dorothea · Rödel Heinrich · Rödel Philip Johannes · Rödel Philipp · Rödel Stefan · Röder Adolf Konrad · Röder Alfred · Röder Frank · Röder Markus · Röder Ralf · Röder Reiner · Röder Ron-David · Rödler Marco · Rödler Rolf · Rodrian Klaus · Rodrigues "Ratinho" Everson · Roediger Benjamin · Rogall Lothar · Röger Tobias · Roggendorf Jürgen · Rohde Markus · Rohde Rainer · Rohden Hartmut · Rohden Winfried · Rohlfs Karsten · Röhm Markus · Röhm Nicole · Rohr Alfred · Rohr Björn · Rohr Edmund · Rohr Reinhold · Rohr Wolfgang · Rohrbacher Helmut · Rohrbacher Peter · Rohrbacher Uwe · Rohrbacher-List Günter · Rohr-Druck GmbH Horst Hexamer · Röhrig Steffen · Röhschen Lieselotte · Roland Hans-Christian · Roland Michael · Rollar Steffen · Roloks Dennis · Rombach Caroline · Rombach Nina · Romeike Tobias Joachim · Romeis Marion · Romeis Petra · Römer Dieter · Römer Joachim · Römer Kurt · Römer Marcel · Römer Niklas · Rommelfanger Jan · Ronk Josiane · Rönsch Udo · Roos Annika · Roos Axel · Roos Björn · Roos Gertrud · Roos Ingo · Roos Isabell · Roos Marion · Roos Oliver · Rörsch Stephan · Rosar Manfred · Rosbach Jan-Michel · Rosch Robert · Rösch Gordon · Rösch Peter · Rose Ingo · Rose Jürgen · Rose Lennart · Rose Peter · Rösemann Konstantin · Rosenberger Björn · Rosentreter Frank · Rosenzweig Jürgen · Rosenzweig Ludwig · Roser Klaus · Dr. Rösler Adelhart · Rösner Markus · Rösner Sandro · Ross Eduard · Rössel Elke · Rössel Friedel · Rosskopf Doris · Rößler Roswitha · Rössling Christian · Rossmann Wilfried · Rossner Michael · Rost Sascha · Rotberg Wolfgang · Roth Bianca · Roth Björn · Roth Edgar · Roth Emil · Roth Eva · Roth Günther · Roth Jonathan · Roth Jörg Andreas · Roth Jürgen · Roth Manuela · Roth Markus · Roth Michael · Roth Michaela · Roth Otto · Roth Pius · Roth Reinhold · Roth Sabine · Roth Siegfried · Roth Tanja · Roth Tobias · Roth Udo · Roth Vitalij · Roth Vladislav · Roth Werner · Roth York C. · Röth Timo · Rothaar Walter · Rothe Hans-Peter · Rothe Marion-Elisabeth · Rothe Martina · Rothenberger Jürgen · Rothermel Andreas · Rothfuchs Hans · Rothfuchs Horst · Rothgerber Christoph · Rothgerber Martin · Rothley Willi · Rothmann Lukas · Rott Klaus · Rott Maurice · Rottberg Frank · Rottberg Yannick · Röttger Jasmin · Röttig Thomas · Rottmann Thilo · Rottmüller Hans Richard · Rubel Michael · Rubel Sebastian · Rübel Andreas · Rübel Peter · Ruble Gert · Ruby Dominik · Ruby Herbert · Rück Raimund · Rücker Friedrich · Rücker Kurt · Ruckes Willi · Ruckteschler Ludwig · Rückwald Ulli · Prof. Dr. Ruda Walter · Rudhard Jens · Rüdiger Gerhard · Rudloff Thomas · Rudolph Jürgen · Rudolph Kenneth · Rudolphi Markus · Rueff Klaus · Ruelius Horst · Ruelius Robert-Willi · Ruf Egon · Ruf Ernst · Ruf Gudrun · Ruffer Frank · Ruffer Manfred · Ruffer Peter · Ruffer Sascha · Rüffer Volker · Ruffing Eric · Ruffing Erich · Ruffing Josef · Ruffing Torben · Rüger Thomas · Rugullies Stefan · Ruh Thomas · Rühl Anneliese · Rühm Heinz · Rühm Ursula · Ruhnke Andreas · Ruhnke Markus · Ruhnke Rolf · Ruhnke Stefanie · Ruhstorfer Timo · Ruland Inge · Rümker Renka · Rummel Markus · Rumpf Christoph · Rumpf Erwin · Rumpf Siegfried · Rumpf Stefan · Rund Rainer · Rung Anna · Runge Heiner · Runge Jannik · Runge Silas · Runkel Andreas · Runkel Hans-Werner · Runkel Holger · Rupp Karl · Rupp Sebastian · Ruppenthal Hartmut · Ruppenthal Nico · Ruppenthal Thomas · Ruppenthal Wolfgang · Dr. Ruschitzka Frank · Rust Gertrude · Ruth Johannes · Ruth Peter · Rüth Manfred · Rutter Erwin · Rüttger Bernd · Rüttjes Benjamin · Rüttjes Frieder · Rutz Klaus · Rutz Leo · Rutz Nina · Rutz Thomas · Ruzek Radovan · Ruzek Tamara · Sa Oliveira Roberto · Saal Christine · Saam Erhard · Saar Otmar · Saas Dieter · Saas Stephanie · Sachs Michael · Sachsenmaier Rüdiger · Sadiku Arber · Sahin Mustafa Ugur · Sahlmann Karl · Sahner Markus · Saile Erwin · Saitow Lisa-Kristin · Dr. Sajthy Gabor · Sakschewski Jens · Salvi Stefan · Sammet Gerhard · Sammet Mark · Dr. Sammler Armin · Sammler Nico · Sammler Walter · Sand Heinz · Sander Andreas · Sander Anne · Sander Bärbel · Sander Bjarne · Sander Hannes · Sander Jonas · Sander Julia · Sander Jutta · Sander Karl Heinz · Sander Kim Marie · Sander Luis Eduard · Sander Wolfgang · Sandler Werner · Sandoval Horacio · Sandrowsky Karsten · Sann-Hasenfratz Alexandra · Santos Arlindo · Santos Pedro · Sanyang Bakary · Sanyang Musa · Sartor Felicitas · Dr. Sartor Joachim · Sartoris Josef · Sartorius Thorsten · Sasse Hans · Sattel Andreas · Sattel Matthias · Sattel Werner · Sattler Christian · Sattler Harry · Sattler Horst · Sattler Patrick · Sauber Carlo · Sauer Bernhard · Dr. Sauer Hubert · Sauer Jürgen · Sauer Klaus · Sauer Konrad · Sauer Oliver · Sauer Steffen · Sauer Thomas · Sauerbeck Karlfred · Sauermilch Heike · Sauter Karl-Heinz · Sautre Christina · Sautter Albert · Savioli Manfred · Savoric Stefan · Sawetzki Stefanie · Sayer Werner · Scanu Marion · Scanu Salvatore · Schaab Wolfgang · Schaaf Christiane · Schaaf Karl · Schaaf Knut · Schaaf Michaela · Schaaf Susanne · Schaak Markus · Schaar Tobias · Schach Fabian · Schachert Robert · Schächter Sebastian · Schächter Tobias · Schackmar Jörg · Schad Thorsten · Schade Ralf Martin · Schade Werner · Schadeck Kurt · Dr. Schädler Paul · Schadt Peter · Schäfer Albert · Schäfer Alois · Schäfer Andre · Schäfer Bernd · Schäfer Christian · Schäfer Christiane · Schäfer Claudia · Schäfer Erik · Schäfer Ernst · Schäfer Fabian · Schäfer Frank · Schäfer Frederic · Schäfer Gerhard · Schäfer Günther · Schäfer Hannelore · Dr. Schäfer Hans Jörg · Schäfer Hans-Dieter · Schäfer Heinz · Schäfer Helmut · Schäfer Helmut · Schäfer Horst · Schäfer Iris · Schäfer Joachim · Schäfer Jürgen · Schäfer Jürgen · Schäfer Karin · Schäfer Karl · Schäfer Klaus Günter · Schäfer Mario · Schäfer Martin · Schäfer Michael · Schäfer Michael · Schäfer Michael · Schäfer Monika · Schäfer Norbert · Schäfer Ollie · Schäfer Petra · Schäfer Ralf · Schäfer Reinhard · Schäfer Rem… · Schäfer Robert · Schäfer Roland · Schäfer Ronny · Schäfer Ronny · Schäfer Thiemo · Schäfer Thomas · Schäfer Thorsten · Schäfer Thorsten · Schäfer Tobias · Schäfer Ulf · Schäfer Volker · Schäfer Volker · Schäfer Werner · Schäfer Wilfried · Schäferbarthold Daniel · Schäferbarthold Joachim · Schäfers Hans-Ulrich · Schäfer Horst · Schäffeler Thea · Schäffer Ludwig · Schäffer Thomas · Schäffner Edith · Schäffner Hans-Joachim · Schäffner Hartmut · Schäffner Michael · Schaffran Sabine · Schaffrinski David · Schafhaupt Jörg · Schaich Tobias · Schalk Florian · Schalk Peter · Schalle Gunther · Schaller Thorsten · Schamberger Werner · Schander Kai · Schanding Kai · Schank Angelika · Schank Elisabeth · Schank Gernot · Schank Tanja Nicole · Schanne Marius · Schanne Wolfgang · Schantz Hans Peter · Schanz Heinz · Schanz Klaus · Schäpan Thorsten · Schäper Erich · Dr. Schappert Burkhard · Schappert Christian · Schappert Eckhard · Schappert Gerhard · Schappert Heinrich · Schappert Hermann · Schappert Jochen · Schares Paul · Scharf Mario · Scharfenberger Eduard · Scharfenberger Ronald · Scharff Martin · Scharfschwerdt Björn Rolf Alexis H. G. · Scharfschwerdt Hans-Joachim · Scharnagl Eric · Scharnagl Simon · Schary Engelbert · Schattner Gisela · Schattner Wolfgang Albert · Schatz Regina · Schau Wolfgang · Schaub Andreas · Schaub Gerd · Schäuble Stefan · Schäuble Timo · Schaufler Jens · Schaumann Peter · Schauß Rudi · Scheel Sven · Scheele Rolf · Scheer Christine · Scheer Günter · Scheer Willy · Scheffler Andrea · Scheffler Antje · Scheffler Axel · Scheffler Erwin · Scheffs Manfred · Schehl Benjamin · Schehr Daniel · Schehr Günter · Schehr Jürgen · Schehr Jürgen · Schehr Patrick · Schehr Tanja · Scheiba Ulrich · Scheibe Alfred · Scheibe Werner · Scheick Chantal · Scheid Angelika · Scheid Ludwig · Scheid Mario · Scheidel Michael · Scheidemantel Heiko · Scheidt Bärbel · Scheidt Simone · Scheiermann Hans · Scheit Oliver · Scheithe Dietmar · Schelberg Marcel · Scheler Inga · Schell Jan-Michel · Schell Maximilian · Schellen Willi · Schellenberg Helmut · Scheller Katja · Schellheimer Olaf · Schemel Andreas · Schenk Dominik · Schenk Knut W. · Schenk Thomas · Schenkel Joachim · Schenkel Rainer · Dr. Schenkel Rüdiger · Schentarra